大乘止觀

大家小书

中国文化与世界文化

乐黛云 著

北京出版集团
北京出版社

图书在版编目（CIP）数据

中国文化与世界文化 / 乐黛云著. -- 北京 ：北京出版社，2020.10
（大家小书）
ISBN 978-7-200-15849-6

Ⅰ. ①中… Ⅱ. ①乐… Ⅲ. ①东西文化—比较文化—研究 Ⅳ. ①G04

中国版本图书馆 CIP 数据核字（2020）第 164570 号

总策划：安 东 高立志　项目统筹：高立志
责任编辑：王忠波 吴剑文　责任印制：陈冬梅
装帧设计：金 山

·大家小书·
中国文化与世界文化
ZHONGGUO WENHUA YU SHIJIE WENHUA
乐黛云 著

出　　版	北京出版集团 北京出版社
地　　址	北京北三环中路 6 号
邮　　编	100120
网　　址	www.bph.com.cn
总 发 行	北京出版集团
印　　刷	北京华联印刷有限公司
经　　销	新华书店
开　　本	880 毫米 ×1230 毫米　1/32
印　　张	6
字　　数	100 千字
版　　次	2020 年 10 月第 1 版
印　　次	2023 年 2 月第 2 次印刷
书　　号	ISBN 978-7-200-15849-6
定　　价	39.00 元

如有印装质量问题，由本社负责调换
质量监督电话　010-58572393

总　序

袁行霈

"大家小书",是一个很俏皮的名称。此所谓"大家",包括两方面的含义:一、书的作者是大家;二、书是写给大家看的,是大家的读物。所谓"小书"者,只是就其篇幅而言,篇幅显得小一些罢了。若论学术性则不但不轻,有些倒是相当重。其实,篇幅大小也是相对的,一部书十万字,在今天的印刷条件下,似乎算小书,若在老子、孔子的时代,又何尝就小呢?

编辑这套丛书,有一个用意就是节省读者的时间,让读者在较短的时间内获得较多的知识。在信息爆炸的时代,人们要学的东西太多了。补习,遂成为经常的需要。如果不善于补习,东抓一把,西抓一把,今天补这,明天补那,效果未必很好。如果把读书当成吃补药,还会失去读书时应有的那份从容和快乐。这套丛书每本的篇幅都小,读者即使细细地阅读慢慢地体味，也花不了多少时间，可以充分享受读书的乐趣。如果把它们当成补药来吃也行，剂量小，吃起来方便，消化起来也容易。

我们还有一个用意，就是想做一点文化积累的工作。把那些经过时间考验的、读者认同的著作，搜集到一起印刷出版，使之不至于泯没。有些书曾经畅销一时，但现在已经不容易得到；有些书当时或许没有引起很多人注意，但时间证明它们价值不菲。这两类书都需要挖掘出来，让它们重现光芒。科技类的图书偏重实用，一过时就不会有太多读者了，除了研究科技史的人还要用到之外。人文科学则不然，有许多书是常读常新的。然而，这套丛书也不都是旧书的重版，我们也想请一些著名的学者新写一些学术性和普及性兼备的小书，以满足读者日益增长的需求。

"大家小书"的开本不大，读者可以揣进衣兜里，随时随地掏出来读上几页。在路边等人的时候，在排队买戏票的时候，在车上、在公园里，都可以读。这样的读者多了，会为社会增添一些文化的色彩和学习的气氛，岂不是一件好事吗？

"大家小书"出版在即，出版社同志命我撰序说明原委。既然这套丛书标示书之小，序言当然也应以短小为宜。该说的都说了，就此搁笔吧。

目 录

- 001 / 差别与对话
- 017 / 中国文化与世界文化重构
- 033 / 面向世界的中国文化
- 054 / 多元文化发展与跨文化对话
- 069 / 美国梦,欧洲梦,中国梦
- 090 / 复杂性思维简论
- 112 / 当代中国比较文学发展中的几个问题
- 129 / 中国现代文学在多元跨文化语境中发展

差别与对话

一、三次中西相遇

近世以来,中国与西方三次相遇。

16世纪西方传教士进入中国,在传教的同时把中国介绍给西方。当时的重点主要是寻找西方与中国的共同点和可能的融合点,如利玛窦(Matteo Ricci,1552—1610)的《天主实义》、皈依天主教的儒士严谟所著的《天帝考》。严谟在中国儒家古代经典中找出六十五处有"天"和"帝"的段落,论证天主教的上帝与中国天、帝的异同,并推断中国古代的天和帝就是西方的上帝。这种寻找相同性的努力最后因为罗马教会颁布禁止中国天主教信徒祭祖的法令和礼仪之争而中断,本来可以建立的对话成为不可能。

19世纪中叶,鸦片战争敲开了中国的大门。中国成为西方自我认同与扩张的对象。第二次中西相遇在不平等和中国几乎否定自己的历史文化的过程中进行。20世纪50年代的全盘苏化更使这一强制性认同过程发展到极端。尽管这一过程延续了百余年,直到20世纪60年代才以闭关自守而告结束,然而,中国文化精神在历史上从不接受被殖民。百余年来,中国文化虽在一定程度上受到他种文化的深刻影响,但中国文化从来没有归化他种文明而完全丢失自我。

中西相遇,是两个文明圈的撞击。前两次相遇皆因一方企图以自己的文化覆盖另一方而告失败。改革开放以来的第三次中西相遇与此不同,相遇的双方都比较重视互为他者,建立一种平行、借鉴、互动、镜子的关系。一旦任何一方逾越这一界限,试图把镜子变成自己,用自己的文明标准强加于他者,就会出现大冲突,甚至带来恐怖与灾难。因此,核心问题都集中在自我身份与他者所代表的不同特性之间的关系上,也就是主体如何在与他者相互认知的过程中既保持各自的主体性,又建立一种借鉴、互动、镜子的关系。倘若这一关系不能协调,第三次中西相遇便很难避免前两次相遇的命运。

新一次的中西相遇,有两大因素是避免冲突的关键:一是在尊重各文化特殊性的前提下进行平等的跨文化对话,二是使跨文化对话具有真正的跨度和多元性,如加入非洲、拉丁美洲、亚洲、大洋洲等过去不被重视的不同文化。倘若人类文明真有某种普遍性，它应该来自丰富的特殊性。任何意欲归化他者或拒绝他者的心态和做法只能剥夺其特殊性，也就是摧毁其普遍性。只有发现、发扬自己的特殊性，充分尊重与自己不同的相异性，达到真正的互识、互补和互证，才能达到跨文化对话所追求的人类文化多元共存的目的。

二、差别何以重要？

其实，中国传统文化一向以差异为认识事物的出发点，所谓"物之不齐，物之情也"。2000年，为了迎接新世纪，北京大学比较文学与比较文化研究所举办了一次题为"多元之美"的国际学术讨论会。"多元之美"化用了法国作家谢阁兰（Victor Segalen，1878—1919）一部美学论著的书名《论异国情调——多样性美学》。"多样性美学"原意为承认美在于差异，只有在差异感中才能产生美感。会上，法国著名比较文学家达尼埃尔-亨利·巴柔（Daniel-Henri Pageaux）说："从这次研讨会的提纲中，我看到'和谐'，'和实生物，同则不继'概念的重要性。中国的'和而不同'原则定将成为重要的伦理资源，使我们能在第三个千年（从耶稣诞生算起）实现差别共存与相互尊重。"此前不久，意大利著名思想家恩伯特·埃柯（Umberto Eco）也在1999年纪念波洛尼亚大学成立900周年大会的主题讲演中提出，欧洲大陆第三个千年的目标是"差别共存与相互尊重"，他认为人们发现的差别越多，能够承认和尊重的差别越多，就能生活得更好，就能更好地相聚在一种相互理解的氛围之中。这与中国传统文化所强调的"和实生物，同则不继"正好相通："和"就是使各种差异得以繁荣共生，通过相互作用而产生新的事物；没有差异，只是同类事物的叠加，就没有继续发展的可能。

为什么"差别共存与相互尊重"会突出地成为21世纪的一个主旋律呢？大约可以分析为以下四方面的原因：

首先，是全球化促进了殖民体系的瓦解，造就了全球化的后殖民社会。原殖民地国家取得了合法的独立地位后，最先面临的就是从各方面确认自己的独立身份；而本民族的独特文化，正是确认独特身份最重要的因素。如二战以后，马来西亚为强调其民族统一性，坚持以马来语为国语；以色列决定将长期以来仅仅用于宗教仪式的希伯来文重新恢复为日常通用语言；一些东方领导人和学者为了强调自身文化的特殊性提出了"亚洲价值"观念等。这些都说明当今文化并未因世界经济和科技的一体化而趋同，恰恰相反，经济全球化和后殖民状态大大促进了各种中心论的解体。世界各个角落都成了联成整体的地球的一个不可分割的组成部分。每一部分都有自己存在的合法性，过去统率一切的逻各斯中心论、普遍规律和宰制各个地区的大叙述模式都面临挑战。后殖民时代显然为多元文化的发展奠定了基础。

其次，20世纪以来，人类正经历着认识论和方法论的重大转型，即从逻辑学范式过渡到现象学范式。逻辑学范式通过浓缩，将具体内容抽空，概括为最简约的共同形式，最后归结为形而上的逻各斯或黑格尔的绝对精神。许多这样的叙述结构结合成一个大叙述或大文本，体现着一定的规律、本质和必然性。现象学范式研究的对象不是抽象的形式，而首先是具体的身体，一个活生生地存在、行动，感受着痛苦和愉悦的身体，周围的一切都不是固定的，而是随着这个身体的心情和视角的变化而变化。因此，现象学研究的空间是一个不断因主体的激情、欲望、意志和位置的变动而变动的开放的空间。过去，认知决定于公式、定义、区分和推论，它叙述的是一个可信赖的主体，如何去认识一个相对确定的客体，从而将它定义、划分、归类到我们已有的认识论的框架之中。互动认知的思维方式强调主体和他者在认知过程中都有所改变并带来新的进展。它与逻各斯中心的主体原则相对，强调了他者原则；与确定性普适原则相对，强调了不确定的互动原则。总之是强调：他者首先是不同于自我的、以差别为基础的对象，没有差别就没有他者；同时，对主体的深入认识又必须依靠从他者视角的观察和反思，而不是封闭的自以为是。

再次，由于两次世界大战和20世纪人类所遭受的种种巨大精神创伤，人类的文化自觉普遍提高。到了21世纪，这种自觉达到了更深刻的程度。例如，法国著名思想家、法国社会科学院研究员埃德加·莫兰反观西方文明指出："西方文明的福祉正好包藏了它的祸根：它的个人主义包含了自我中心的闭锁与孤独；它的盲目的经济发展给人类带来了道德和心理的迟钝，造成各领域的隔绝，限制了人们的智慧能力，使人们在复杂问题面前束手无策，对根本的和全局的问题视而不见；科学技术促进了社会进步，同时也带来了对环境、文化的破坏，造成了新的不平等，以新式奴役取代了老式奴役，特别是城市的污染和科学的盲目，给人们带来了紧张与危害，将人们引向核灭亡与生态的死亡。"① 波兰社会学家齐格蒙特·鲍曼在《现代性与大屠杀》一书中更是强调，在西方，高度文明与高度野蛮其实是相通的和难以区分的……现代性是现代文明的结果，而现

---

① 参见《超越全球化发展：社会世界还是帝国世界？》，乐黛云编《迎接新的文化转型时期》，上海：上海文化出版社，2005年，第202页。

代文明的高度发展超越了人所能调控的范围,导向高度的野蛮。在这个基础上,西方学者提出人类需要的不是一个单边意识形态统治的帝国世界,而是一个多极均势的社会世界,一个文明开化、多元发展的联盟,它表达的是对另一个全球化的期待,这就是以承认差别为基础的全球的多极均衡,多元共存。

最后,全球化所带来的物质和文化的极大丰富,为原来贫困落后地区的人们创造了在发展物质文化的同时,也提供了发展自身精神文化的条件。正是受赐于经济和科技的发达,人类的相互交往从来没有像今天这样频繁,旅游事业的开发遍及世界各个角落。据统计,1949年到1978年29年间,中国累计出国人数仅为28万人,而2006年一年,中国出国人数就达到3400万人,同时还有2200万外国人来到中国。一些偏僻地区不为人知的少数民族文化正是由于旅游和传媒的开发才广为人知并得到发展。尽管在这一过程中,不免会有各种商业化的弊病,但总会吸引更多人关注某种过去鲜为人知的文化的特色和未来。

三、差别共存并非互不相干

中国古代提出的"和而不同"的精髓首先是强调一种动态的发展,"以他平他谓之和,故能丰长而物归之"。"和"讲的是事物之间的比评竞争并非静止不动。差别共存的状态也不仅是静态的、被动的、互不相干的共同存在而已。"以他平他"是什么意思呢？平，古代与辨、辩通假，意谓辨别、品评。唐代称宰相为平章，就是指对事物辨别、品评，并加以抑扬的人。因此，"以他平他"就是不同事物在突显和消隐中，互相比评，互相超越而达到新的境界。用今天的话来说，这就是一种互识、互动、互为主观的发展之道，也就是通过差异的对话而得到发展。

"以他平他"，能使物"丰长"的对话不是各说各话，而是一种能产生新的理解和认识，从而带来新发展的生成性对话。构成生成性对话的首要条件是对话者各有其主体性。所谓主体性，就是费孝通先生强调指出的文化自觉。费先生说："生活在一定文化中的人对其文化要有'自知之明'，明白它的来历，形成过程，所具的特色和它发展的趋向……自知之明是为了加强对文化转型的自主能力，取得决定适应新环境、新时代文化选择的自主地位。文化自觉是一个艰巨的过程，首先要认识自己的文化，（同时）了解所接触到的多种文化才有条件在这个正在形成中的多元文化的世界里确立自己的位置。经过自主的适应，和其他文化一起，取长补短，共同建立一个有共同认可的基本秩序和一套与各种文化能和平共处、各抒所长、联手发展的共处守则。"①由此可见，对话的目的不是融为一体，以致由不同变为同，而是要在共同的理解下进一步发挥各自的特长，也就是协调各种不同，达到新的和谐统一，使各个不同事物都能获取新质，得到新的发展，形成不同的新事物。因此，中国传统文化的最高理想不是万物合为一体，而是"协和万邦"，是"万物并育而不相害，道并行而不相悖"。"万物并育"和"道并行"是不同；"不相害"，"不相悖"则是和。要做到这一点，没有主体的自觉是不可能实现的。

同理，作为第三个千年的目标的"差别共存"也不是各种差异消极被动地共存，而是通过各方面的积极对话，求得共同发展。因此，自1998年，伊朗总统哈塔米正式向联合国提出把公元2001年定为人类的"文明对话年"并在联合国大会表决一致通过后，在北京（2001年）、印度（2003年）、越南（2004年）都召开过这样的"文明对话会"，在不同程度上促进了不同文化之间的共识。作为联合国文明对话领导小组成员的杜维明先生曾指出："文明对话不只是西方霸权为宰制世界而运用的策略，而更多是伊斯兰文明对西方的霸权所提出的单边主义

---

① 费孝通《费孝通文集》第14卷，北京：群言出版社，1999年，第197页。

和文明冲突的回应。"①对话当然不能解决所有问题,但对话总比冲突和对抗好,更重要的是,也许目前,仍然只有对话才是避免屠杀和战争的首要途径。

四、对话的悖论

有了对话的自觉,还要有对话的善意和胸襟。在对话的过程中常常遇到四种难解的悖论:一是普遍与特殊的悖论,二是保持纯粹与互相影响的悖论,三是他者与自我的悖论,四是沟通话语的可解与不可解的悖论。

普遍与特殊的悖论首先表现为后殖民时代一部分人对狭隘民族主义的坚持,他们认为一切被指为普遍的东西多是独断的、僵化的,并有强加于人的暴力倾向;他们反对任何结构性的制约,认为不存在中心,也没有所谓普遍性,只有互不关联的特殊性。他们认同后现代主义的无深度概念,消解一切现象与本质、必然与偶然、普遍与特殊、能指与所指之间的联系(所谓能指的漂浮),使一切事物成为既无时间连续性,又无空间相关性的孤立个体,他们都只强调差别而忽视联系。文化孤立主义与文化相对主义就是为保持既有差异,而反对相互

---

① 《文明对话》,北京:清华大学出版社,2006年,第68页。

影响交流,压制发展和更新的代表①。一般与个别、普遍与特殊是传统文化长期讨论的命题。早在希腊时代,亚里士多德在他的《形而上学》中就已经深入讨论过这个命题,并指出个别和一般不可分割;黑格尔更是对此做了精辟的论证和发展。然而在当前的特殊情况下,两者却发生了深刻的断裂。这种断裂严重影响了各方面的和谐,使社会难以发展。重新沟通和弥合这种断裂,回返普遍与特殊的正常关系是发展多元文化,保护文化生态,缓解文化冲突的重要环节。

在对话过程中,如何既保持纯粹,又能接受有益的相互影响,也是一个悖论。要保存文化的多样性,那当然是各种文化越纯粹、越地道越好,但不同文化之间又不可避免地互相渗透、吸取,这种互相吸收和补充、"你中有我,我中有你"是否有悖于保存原来文化的特点和差异的目标呢?这种渗透交流的结果是不是会使世界文化的差异逐渐缩小,乃至因混同而消失呢?

其实,从历史发展来看,一种文化对他种文化的吸收总是通过自己的文化眼光和文化框架来进行,也就是要通过自身文

---

① 参阅拙著《多元文化发展中的问题及其前景》《文化相对主义与比较文学》《中西诗学对话中的话语问题》,见《跨文化之桥》,北京:北京大学出版社,2002年,第5—15,35—55,81—90页。

化屏障的过滤,很少会全盘照搬而多半是取其所需。例如,佛教传入中国,得到很大发展,但在印度曾颇为发达的佛教唯识宗由于其与中国传统思维方式抵触过大,就很难得到传播和发展,法国象征派诗歌对20世纪30年代中国诗歌的影响亦复如是。当时,兰波、魏尔仑的诗歌被大量译介,而作为法国象征主义诗歌杰出代表的马拉梅在中国的影响却微乎其微。这些都说明了本土文化在文化接触中的一种最初的选择。

同时,一种文化对他种文化的接受也不大可能原封不动地移植。一种文化被引进后,往往不会再按原来轨道发展,而是与当地文化相结合产生出新的,甚至更加辉煌的结果。希腊文化和希伯来文化传入西欧,成为西欧文化的基石,这是一种崭新的文化,与原有的母体文化已有很多不同。印度佛教传入中国,与中国原有的文化相结合产生了中国化的佛教宗派天台、华严、禅宗等;这些中国化的佛教宗派又成为中国宋明新儒学发展的重要契机。这种文化异地发展,滋生出新文化的现象,在历史上屡屡发生。

况且,两种文化的相互影响和吸收不是一个同化、合一的过程,而是一个在不同环境中转化为新物的过程。在不同选择、不同条件相互作用下创造出来的新物,不再有旧物原来的纯粹,但它仍然是从旧的纯粹中脱颖而出的新的纯粹,仍然具有不同于他物的独特之处，因此全球化和多元化的相互作用，其结果并不是趋同乃至混一，而是在新的基础上产生新质和新的差异。当然，这并不排斥在漫长的社会发展进程中，人们会逐渐形成某些共同的价值标准，但即使是这样的共同标准在不同的地区和民族也还有其不同的理解和不同的表现形式，在普遍性中体现着原有的特殊。

对话中的他者与自我的确是一个十分复杂的问题。首先，我们从自我出发，总想同化对方，说服他同意我的方案，接受我的想法。这样做的结果只能是牺牲对方的特色而趋同。对话的结果不是产生使物"丰长"而发展的新的和，而是"以同裨同，尽乃弃矣"的那个同。因此勒维纳斯特别强调应该从他者出发，关注他者最不清楚，甚至最不可能理解的那一面。这样的他者时常变换，"在相接的岔路中顺应你自身的欲望，而顺理成章地推你向思索当中的局限"。勒维纳斯认为："与我相遇的是处处超越我能够从他那里得到观念的他人，是不会封闭于任何知识之中的他人。"①因为"他者是我所'不是'，不是因为他的性格、外貌和心理，而仅仅因为他的相异性本身。正是由于这种相异性，我与他人的关系不像通常所认为的那样是

---

① ［法］勒维纳斯《整体与无限》，参阅《跨文化对话》，第7辑，第29页。

一种'融合',而是一种'面对面'的关系"。①然而,只强调相异性,就很难达到理解和沟通的目的,不强调相异性,又会发生混同融合等情形。这种他者与自我的悖论正是产生生成性对话的最有意义、也最困难之处。

不同文化的对话还有个话语问题。对话的首要条件是要有双方都能理解和接受、可以达成沟通的话语。然而,长期以来,发达世界习惯于西方中心的思维方式和行为模式,要以平等的心态去理解他种文化的陌生的话语,并不是一件轻而易举的事;而第三世界所面临的是发达世界早已长期构筑完成的一整套概念体系,也就是一套遍及政治、经济、文化各个领域的,长期占统治地位并被广泛运用的话语。事实上,这套话语经过数百年积累,汇集了千百万智者对于人类各种问题的思考,不应该、也不可能放弃;然而,危险的是,如果第三世界只用这套话语构成的模式去诠释和截取本土文化,那么,大量最具本土特色和独创性的、活的文化就会因不能符合这套模式而被排斥在外。由于这种矛盾,某些人就主张去发掘一种绝对属于本土的、未经任何污染的话语,但他们最后会发现这种话语根本就不存在,因为文化总是在与其他文化的相互作用中发

---

① [法]勒维纳斯《时间与他人》,参阅杜小真著:《勒维纳斯》,香港:三联书店,1994年。

展的；况且，即便有这样的完全本土的话语，它也不能为对方所理解而达到沟通的目的。这个难解的话语悖论也是对话中的至关重要的问题①。

以上悖论都很难得到解决，但注意到这样的悖论至少可以有助于对话质量的提高。

五、对话、差异与比较文学

比较文学研究的是不同文化中文学的文学间性，它本身就是不同文化所构成的文化场或文化网络的产物。事实上，在全球资讯时代，人类面临的仍然是历史上多次遭遇的共同问题：如生死爱欲问题，即个人身心内外的和谐生存问题；权力关系与身份认同问题，即人与人之间的和谐共处问题；人和外在环境的关系问题，即人与自然之间的和谐共存问题，还有已知和未知的关系问题，人和命运的关系问题，等等。追求这些问题的解答是古今中外人类文化的共同目标，但这种普遍性在不同历史时期和不同地域、不同文化环境中有完全不同的表现而形成不同的文化特殊性。可以说从古至今，各种不同文化都在竭力探索如何解决这些有关生存之道的共同困惑，而文学艺术总

---

① 参阅拙著《中西诗学对话中的话语问题》，《跨文化之桥》，第80—90页。

是走在最前沿,并已经和正在做出自己的特殊贡献。

任何伟大的艺术作品总是体现着人类经验的某些共同方面而使欣赏者产生共鸣,同时又是作者本人的个人经验、个人想象与个人言说。伟大作品在被创造时,总是从自身文化出发,自觉或不自觉地筑起自身的文化壁垒,在被欣赏时,又因人们对共同经验的共同感知而撤除了不同文化之间的隔阂。文学涉及人类的感情和心灵,较少功利打算,不同文化体系的文学中的共同话题总是十分丰富的。不同文化体系的人们都会根据他们不同的生活和思维方式对这些问题做出自己的回答。

通过多种不同文化体系之间的多次往返对话,这些问题就能得到我们这一时代的最圆满的解答,同时为这些问题打开更广阔的视野和前景,人们的思想感情也就由此得到了沟通与理解。通过文学艺术的特殊作用,也许可以把我们从目前单向度的、贫乏而偏颇的文化霸权主义和文化孤立主义的意识形态中解放出来,使人们从文化差异中所得到的不是偏见、仇恨和冲突,而是互识、互证、互补和相互欣赏。比较文学对于成就这样一个全人类所期待的文化多元的新的全球化,具有不可忽视的重大责任和意义。

中国文化与世界文化重构

一、我们面临的复杂局面

人类生活正经历着前所未有的巨大转折。过去从狩猎转向农耕,从农耕转向机械生产,从机械生产转向初期信息时代,都是完全不可比拟的。首先是软件和计算机革命、全球互联网、移动通信革新……在这样的情况下,人与人之间的关系大大超越了过去所受的时空束缚;特别是新一代人的成长脱离了继往开来的代际传承,他们在网络的交互影响中长大,自我成长。我们不懂得我们的下一代,也就会对我们的未来深感迷茫。

另一方面,由于生物工程技术的开发和应用,人甚至对他自己的血肉之躯的存在前景也迷惘困顿。现在可以通过转基因、干细胞、克隆等人为的手段复制、改变、优选生物体。人存在的意义,人性的自我定义都受到了根本的挑战,也就是说所有关于意义的领域都将面临冲击。还有纳米技术,最终使人类能够按照自己的意愿操纵单个原子和分子,开辟了人类认识世界的新层次。

这些新发现和革命性的新技术贯穿到人类生活的每一"细枝末节",迫使我们在时间意识和空间意识上都发生了根本变化。在这样的物质基础上发展起来的帝国霸权主义与恐怖主义的战争给人类和地球的生存带来了严重威胁。更重要的是新的一代和他们的下一代正在成长,他们对世界的感知和自我观念都将与我们迥然不同。任何想用过去的陈规来阻遏他们前进的企图都是徒劳的。

以上这一切大变动,加上20世纪的苦难历程(两次世界大战,灭绝人性的法西斯集中营、古拉格群岛、"文化大革命"等)使得人类精神不得不发生空前的大变革,这一人类历史上空前的大变动要求我们重新定义人类状况,反思我们需要塑造怎样一个世界,需要建立怎样的世界观和人生观来应对这一崭新的、影响全球的复杂局面。

二、西方对当前文化危机的认识

近世以来,西方文化始终处于强势文化的地位,西方今天的文化自觉首先表现在对自己文化发展中的弱点和危机的审视。早在20世纪初奥斯瓦尔德·斯宾格勒在《西方的没落——世界历史的透视》一书中已相当全面地开始了对西方文化的反思和批判，到了21世纪，这种反思和批判达到了更深的程度。

总之，许多先进的西方知识分子提出人类需要的不是一个单极统治的帝国世界，而是一个多极均势的社会世界，一个文明开化、多元发展的联盟。要达到这个目的，人类精神需要发生一次"人类心灵内在性的巨大提升"，它表达的是对另一个全球化的期待，这就是全球的多极均衡，多元共存，也就是一个"基于生活质量而非个人无限财富积累的可持续性的文明"。

为了突破危机，追求"人类心灵内在性的巨大提升"，西方的思考者大致从三方面来突破现状，以寻求文化的未来发展。首先是返回自身文化的源头，审视历史，重新认识自己，寻找新的出发点。

第一，要达到这个目的，就必须有一个新的参照系，即新的他者，以便作为参照，重新反观自己的文化，找到新的诠释。法国学者弗朗索瓦·于连（François Jullien）写了一篇专论《为什么我们西方人研究哲学不能绕过中国？》的著名文章[①],他认为,要全面认识自己,必须离开封闭的自我,从外在的不同角度来考察。在他看来,"穿越中国也是为了更好地阅读希腊",他认为,"我们对希腊思想已有某种与生俱来的熟悉,为了了解它,也为了发现它,我们不得不暂时割断这种熟悉,构成一种外在的观点",而中国正是构成这种"外在观点"的最好参照系,因为"中国的语言外在于庞大的印欧语言体系,这种语言开拓的是书写的另一种可能性;中国文明是在与欧洲没有实际的借鉴或影响关系之下独自发展的、时间最长的文明……中国是从外部正视我们的思想——由此使之脱离传统成见——的理想形象"。[②]他强调指出:"我选择从一个如此遥远的视点出发,并不是为异国情调所驱使,也不是为所谓比较之乐所诱惑,而只是想寻回一点儿理论迂回的余地,借一个新的起点,把自己从种种因为身在其中而无从辨析的理论纷争之中解放出来。"[③]

第二,不仅是作为参照,还要从非西方文化中吸收新的内容。2004年理查德·罗蒂(Richard Rorty)访问复旦大学哲学

[①] 乐黛云编《迎接新的文化转型时期》,上海:上海文化出版社,2005年,第566页。

[②] [法]弗朗索瓦·于连《迂回与进入·前言》第3页,杜小真译,北京:生活·读书·新知三联书店,1998年,第3页。

[③] [法]弗朗索瓦·于连《道德奠基:孟子与启蒙哲人的对话》,宋刚译,北京:北京大学出版社,2002年。

系时说:"我隔了20年再次来到上海,中国的变化简直可以用奇迹来形容。这个奇迹不是改变了我的思考,而是进一步印证和强化了我已有的看法,那就是中国是未来世界的希望。"①在北京大学比较文学与比较文化研究所举办的"多元之美"国际学术讨论会上,法国比较文学大师巴柔(Daniel-Henri Pageaux)教授特别提出:"弗朗索瓦·于连对于希腊文化与中国文化的研究是一个很好的例子,它正好印证了我已经讲过的经由他者的'迂回'所体现出来的好处。"他还强调说:"从这次研讨会的提纲中,我看到'和谐'('和实生物,同则不继')概念的重要性……中国的'和而不同'原则定将成为重要的伦理资源,使我们能在第三个千年实现差别共存与相互尊重。"②一些美国汉学家的著作也体现了这种认识论的改变,如安乐哲(Roger Ames)和大卫·霍尔(David Hall)合作的《通过孔子而思》(*Thinking Through Confucius*)、斯蒂芬·显克曼(Stephen Shankman)编撰的《早期中国与古代希腊——通过比较而思》等。

另外,改变殖民心态、自省过去的西方中心论,理顺自己

---

① 《文汇读书周报》2004年7月27日。
② [法]巴柔《文化还是文化间性:从形象学到媒介》,2001年4月"多元之美"大会文献。

对非西方文化排斥、轻视的心理,这一点也很重要,意大利罗马大学的尼兹教授认为克服西方中心论的过程是一种困难的苦修过程。他把比较文学这一学科称为"非殖民化学科"。在《作为非殖民化学科的比较文学》一文中,他说:"如果对于摆脱了西方殖民的国家来说,比较文学学科代表一种理解、研究和实现非殖民化的方式;那么,对于我们所有欧洲学者来说,它却代表着一种思考、一种自我批评及学习的形式,或者说是从我们自身的殖民意识中解脱的方式。……·它关系到·一种自我批评以及对自己和他人的教育、改造。这是一种苦·修(askesis)!"①没有这种自省的苦修,总是以殖民心态傲视他人,多元文化的共存也是不可能的。

西方的这种文化自觉与自省使全球文化的多元共存成为可能。

三、中国需要真诚的文化自觉

中国人长久以来,强盛时以大国心态傲视他族文化;贫弱时,或自卑投降或演变成阿Q的精神胜利法。因此,费孝通先

---

① [意]阿尔蒙多·尼兹《作为非殖民化学科的比较文学》,《中国比较文学通讯》,1996年,第1期。

生认为中国的文化自觉首先是要对自己的文化有自知之明,因为文化自觉的根本目的是为了"加强文化转型的自主能力,取得适应新环境、新时代文化选择的自主地位"。费孝通先生指出最重要的是要充分认识自己的历史和传统,认识一种文化得以延续的根和种子。例如中国人重视世代之间的联系,崇敬祖先,重视养育出色的孩子;中国人相信"和实生物,同则不继",相信不同的东西可以凝合在一起,形成"多元一体";中国人推崇"设身处地,推己及人"的行为准则;反对以力压人,倡导以德服人,等等。这些并不是虚拟的东西,而是切切实实发生在中国老百姓日常生活里的真情实事,是从中国悠久的文化中培养出来的精髓。

但是,一种文化只有种子还不行,它还需要发展,需要开花结果。传统失去了创造,也是要死灭的,只有不断创造,才能赋予传统以生命。所谓创造就是不断"以发展的观点,结合过去同现在的条件和要求,向未来的文化展开一个新的起点"[①];文化自觉应包含过去、现在和未来的方向,也就是说从传统和创造的结合中去看待未来。这样的文化自觉就不是回到过去,而是必须面对现实,展望未来。

---

① 费孝通《文化的传统与创造》,见《论文化与文化自觉》,北京:群言出版社,2005年,第310页。

此外，今天的文化自觉还要求特别关注当前的外在环境，这是过去任何时代都不曾面对的。全球化的现实需要有一些共同遵守的行为秩序和文化准则，只有同情地理解多种文化，才有可能在这个正在形成的多元文化的世界里确立自己的位置，并在此语境下反观自己，找到民族文化的自我，知道在这一新的语境中，中华文化存在的意义，了解中华文化在世界文化中处于何种地位，能为世界的未来发展做出什么样的贡献。九十岁高龄的费孝通先生总结自己的一生说，文化自觉是一个知识分子应该履行的时代赋予的责任，而自己要过的"最后一重山"，"就是要把这一代知识分子带进'文化自觉'这个大题目里去"[①]。

四、中国传统文化对化解文化冲突可能做出的贡献

文化自觉，当前来说，最重要的就是改变过去一味封闭地崇尚国粹，而致力于从当前世界文化发展的需要出发，来审视我国丰富的文化资源，特别是研究当前的文化冲突中，中国文化究竟能做出何种贡献，同时，也在与他者的对话中对自己重新再认识。这当然是一个漫长的过程，而且会有很多不同的看法。我认为以下几点是中国文化所固有，而又可以作为当前世

① 方李莉《费孝通晚年思想录》，长沙：岳麓书社，2005年，第9—10页。

界文化重构之参照的几个重要方面。

(一)不确定性与"在混沌中生成"的宇宙观

中国道家哲学强调一切事物的意义并非一成不变,也不一定有预定的答案。答案和意义形成于千变万化的互动关系和不确定的无穷可能性之中。由于某种机缘,多种可能性中的一种变成了现实。这就是老子说的"有物混成"(郭店竹简作"有状混成")。一切事物都是从这个无形无象的混沌之中产生的,这就是"有生于无"。有的最后结局又是"复归于无物"。无物是"无状之状,无物之象",这无物、无状并不是真的无物、无状,因为"道之为物,惟恍惟惚。惚兮恍兮,其中有象;恍兮惚兮,其中有物"。这象和物都存在于无中,都还不是实有,它只是一种在酝酿中的无形无象的、不确定的、尚未成形的某种可能性,它尚不存在而又确实有,是一种"不存在而有"。这就是"天下万物生于有,有生于无"的道理。

从中国的宇宙观出发,最重要的就不是拘泥于人们以为是"已定的",其实仍在不断变化的确定性,而是去研究当下的、即时的、能有效解决问题的、从现实当中涌现出来的各种可能性。这也许正是"摸着石头过河"的哲理之所在。只有"摸着石头",向未知进发,才能创造新路,一切都已固定的，只能是老路。既然一切事物的意义并非一成不变，也不一定有预定的答案，而是形成于千变万化的互动关系和不确定的无穷可能性之中，那么，基于不变的立场和观点的世代复仇就不一定有一成不变的合理性和合法性。因此，中国"和为贵"的哲学反对"冤冤相报，无有已时"，提倡"仇必和而解"，"一笑泯恩仇"。从鲁迅的小说《铸剑》中可以看到对"世代复仇"的反讽，在金庸的一些小说中也能看到复仇与和解的双重变奏。

其实，随着主体视角和参照系的改变，客观世界也呈现着不同的面貌，甚至主体对本身的新的认识也要依靠从他者的重新认识和互动来把握。20世纪70年代末以来，中国推翻了由"两个凡是"锁定的僵死的规律性和普适性，坚持"实践是检验真理的唯一标准"，就是纠正了过分强调固定的规律性和普适性的西方思维模式，而运用了中国传统智慧对人的主观能动性的强调。

（二）与西方不同的多种思维方式

1. 执两用中、一分为三

西方文化长期以来习惯于主客二分的思维方式，如罗素所说，笛卡尔体系提出来精神界和物质界两个平行而彼此独立的世界，研究其中之一能够不牵涉另一个。他们重视以主体为一方的对客体的切割、分类而加以认识。人们总是相信自己从客体抽象出来的规律，并将之崇奉为放之四海而皆准的普适性，他们崇尚抽象的规律性远远超过关心事物的特殊性和具体性。由此出发，现存集中的权力系统只能通过普适化、均一化、互相隔离的分类方法来管理世界，这就损坏了事物广泛联系的复杂性，也就损坏了真正有创意的自由发展。不可改变的规律性、普适性发展到极端，就是文化霸权的理论基础。

中国的思维方式却与此全然不同。首先是一分为三的原理和由此而产生的中庸之道。中国传统文化一开始就提出了一分为三的原则。作为中国文化支柱之一的八卦，每一卦都是由三画组成的，由三而演化，至于无穷。所以说"太极元气，函三为一"①《史记·律书》提出："数始于一，终于十，成于三。"为什么说"成于三"？当两种原不相干的事物相遇，而构成场域，就产生了新的、不同于原来二者的第三个东西，这就是老子所说的："道生一，一生二，二生三，三生万物。"《易经·系辞传》明确提出："《易》之为书，广大悉备，有天道焉，有地道焉，有人道焉。"所以《礼记·中庸》强

---

① 刘歆《三统历谱》，见《汉书·律历志上》，并参阅庞朴著《一分为三》，北京：中央党校出版社，1996年。

调:"可以赞天地之化育,则可以与天地参矣。"只有天、地是不够的,必须有第三因素人来"赞天地之化育",才能成其为世界,这就是天、地、人。《中庸》的真精神也就是要从"过"和"不及"的两端,找到一个中道,即所谓"执两用中"。这个"中"并不是两项旧物的折中,而是从两端构成的场域中产生出来的那个新的"三"。《汉书·何武传》中说:"(何武)疾朋党。问文吏必于儒者,问儒者必于文吏,以相参检。"这就是执文吏和儒者两端,而得到一个既非文吏,亦非儒者的第三个新的意见。因此,人们在认识事物时,首先要"执其两端",然后,"求其中道"。这就是儒家的最高理想:"极高明而道中庸。"这一智慧的结晶应该贡献于全人类。

2. 五行相生相克

五行思想是中国认识论和方法论的另一个系统,最早见于《尚书·洪范》,后来的《左传》《国语》等多有论述。意谓世界万物皆由五种元素及其所构成的关系所组成。这五种元素是木、火、土、金、水,它们既代表颜色——青、赤、黄、白、黑;又代表人体——肝、心、脾、肺、肾;也代表方向——东、南、中、西、北;还代表时令——春、夏、长夏、秋、冬等。五种元素既相生(水生木,木生火,火生土,土生金，金生水），又相克（水克火，火克金，金克木，木克土，土克水），循环往复，无有已时。

从多种元素相生相克、广泛联系出发，就必然重视事物的多样性，重视差别和相互关系，其结果必然是崇尚多元，尊重自然。

3. "反者道之动"

数百年来无论是西方还是在西方影响下的东方，不管是人文科学还是社会科学，受进化论的影响都十分深远。人们竭尽全力往前飞奔，对自然资源榨干了还要再榨，人的生活享受了还要再享受，人类奔向未来的速度快了还要再快……这已经成为许多人的思维方式和生活模式。至于未来是什么，新是不是一定比旧好？万众所趋的目的地何在？人们究竟奔向何方？除了作为个体的人必然趋向的坟墓而外，没有任何真正具有确定性的回答可以被提供出来，中国古训所强调的与此截然不同，从老子的《道德经》开始，就强调"反者道之动"，道的萌动，总是从回归开始，万物的运动都有一种复归的倾向，都要回到运动的原点，在新的认识和新的经验基础上，重新再出发，从而上升到更高的境界，也就是战国竹简所说的"反辅"："太一生水，水反辅太一，……是以成地。天地复相辅也，是以成神明……"可见回归、反辅是事物发展的根本条件。中国哲学不重视以时间为主体的线性发展，而更重视向原点的复归，这就是"反本开新"。既然万物都在不断回归、反辅和再出发，而不是向某个方向盲目飞奔，也就没有匆忙的必要。中国文化强调听其自然，强调"万物静观皆自得"，强调无为，强调协同发展，但同时它又反对停滞不变，作为中国文化古远根源的《易》的核心就是发展变易。这对于可持续发展，对于制止当今社会的盲目狂奔正是很好的参照和缓冲。其实，每当历史转折关头，人们总习惯于回归自己的文化源头，去寻找新的途径。西方文化的发展也往往要回顾和重新参照古希腊和希伯来文化。目前，在西方，回到原点，重新再出发，也已成为一种趋势。如果人们改变了直线狂奔，盲目奋进争夺的思维定式，习惯于回头看看，文化冲突也可能得到很大缓解。

4. 负的思维方式

如老子讲的"三十辐共一毂，当其无，有车之用。埏埴以为器，当其无，有器之用。凿户牖以为室，当其无，有室之用"。（《老子·第十一章》）车轮、器皿、房间，有用之处，都不是其实体，而是非实体的空间。又如中国画，有所谓烘云托月之法，画月亮，不是画月亮本身，而是画周围的云彩，中间那个空白的、没有画的地方才是月亮。这些都是强调要给人以空间，有容乃大，强调包容、宽厚。

(三）人与社会的关系

西方对个人权利、自由意志的强调已发展到极端，但人只能镶嵌在与他人的关系中才能生存。一个人的权利只有在其他人能负责保证这些权利得以实现的条件下才能实现。因此在他索取自身权利的同时必须负起保证他人权利得以实现的责任。如戴震所谓："欲遂其生，亦遂人之生，仁也。"儒家思想既不像自由主义模式那样，将社会作为实现个人目标的一种手段，也不像集体主义那样将个人作为实现某种社会理想的手段。儒家认为作为人类社群的民是天下国家的根本："民为邦本，本固邦宁。"（《尚书·五子之歌》）"天视自我民视，天听自我民听。"（《尚书·泰誓》）孔子既是精简政府职能的倡导者又是建立自治的人类社群的积极支持者。他说："为政以德，譬如北辰，居其所而众星共之。"（《论语·为政》）又说："听讼，吾犹人也。必也使无讼乎。"（《礼记·大学》）孔子理想的社会是一个政府少折腾，百姓无官司的社会。儒家的这些主张也许可以修正西方民主的弊端，有助于创造一种新型的、兼顾身心的、更合理的民主，也可以化解以一种意识形态一统天下，强加于人而爆发的文化冲突。

总之，在全球化的今天，如果我们追求的是一个均衡发展的多元文化的世界，我们就应该有更深刻的文化自觉，同时对世界各地的文化更加了解，对于他种文化对中国文化的描述，也要更加了解。这对于在全球化时代欣赏其他文化，与之共存并交互作用，十分重要。只有充分把握自己文化的特点，对之加以现代思想的创造性诠释，并增强对他种文化的理解和宽容，才能促成各民族文化的多元共存，互相对话沟通，形成全球性的文化多元格局。

面向世界的中国文化

一、面向世界文化的出发点

1. 对文化软实力的理解

任何国家都有传播其文化的愿望。但出发点各不相同。美国某些人把对外传播的本国文化力看作是征服别人的软实力。约瑟夫·奈将软实力定义为,"各国家通过内在吸引力在国际上获得其渴望的利益的能力",而文化吸引力是其中最重要的一个组成部分。从这个定义出发,他们极力膨胀自己的文化软实力,压制其他文化可能产生的吸引力,以获得自身利益的最大化。其结果就是新的精神殖民,实现对全球文化的单边统治,最后导致全球文化生态的毁灭和文化的枯竭。中国文化面向世界的出发点与此不同,不是单方面地向世界灌输中国文化,更不是只着眼于宣扬中国文化的软实力,这些都是题中应有之义，但不应是我们的出发点。我们不能沿用美国的模式，走他们的老路。我们的出发点与此不同，我们的最大利益就是与世界文化多元共生，参与到正在形成的新的世界多元文化的格局中来，探究中国文化作为重要的一元，如何参与解决世界难题，如何反对单边统治，抵制精神殖民，开创新的精神世界。这才是中国传统文化今天新的显现和应用的伟大意义。

中国文化从来强调"和实生物，同则不继"，认为差异是一切发展的契机。西周末年，伯阳父（史伯）同郑桓公谈论政局时，提出"和实生物，同则不继"的思想。他第一次区别了和与同的概念，他说："以他平他谓之和，故能丰长而物归之。若以同裨同，尽乃弃矣。""以他平他"，是以相异和相关为前提的，相异的事物相互协调并进，就能发展；"以同裨同"则是以相同的事物叠加，其结果只能是窒息生机。中国传统文化一向重视差别，很早就认为不同是事物发展的根本。"和而不同"是中国传统文化的核心观念之一。孔子发展了这一思想，把"和而不同"作为做人处事的根本原则并总结说"君子和而不同，小人同而不和"。

中国文化一向认为事物虽各有不同，但绝不可能脱离相互的关系而孤立存在，和的本义就是要探讨诸多不同因素在不同的关系网络中如何共处。儒家立论的基础是人和人的关系，道家立论的基础是人和自然的关系,都是在不同的领域内探讨如何和谐共处。和的主要精神就是协调不同,达到新的和谐统一,使各个不同事物都能得到新的发展,形成不同的新事物。中国传统文化的最高理想是"万物并育而不相害,道并行而不相悖"。"万物并育"和"道并行"是不同;不相害、不相悖则是和。庄子的最高理想,是"太和万物",使世界达到最完满的和谐。这种不断开放,不断追求新的和谐和发展的精神,为今天的多元文化共处提供了不尽的思想源泉。这绝不是美国所谓软实力的概念所能概括的。

2. 对不同文化之间的对话的理解

多元文化共生最核心的问题就是世界不同文化之间的对话与沟通,与世界沟通的途径很多,根本的一条是对话。对话的目的主要不是说服对方,同化别人,而是要在不同思想的碰撞中产生出新的思想,这就是生成性对话。这样的对话需要对自己的文化有充分自觉,对别人的文化也有同情的了解并做出自己独特的、有益的解释,不能仅仅按照一方的片面理解和利益去覆盖另一方。如果把他者完全置于自己的文化想象和利益之中,他者的特殊性就会被剥夺、被同化,对话也就失去了意义。对话最忌讳的就是"人云亦云","我打你通"。因为我们与他人的关系不是特点消失的合金式的融合,而是一种面对面的关系。事实上,也正是因有这样一种面对面的相异性,一种文化才有可能对他种文化产生吸引力。对话的关系是真正平等的切磋,如琢如磨,产生新的理解,擦出新的火花。

2000年,联合国教科文曾发布过一个《世界文化多样性宣言》,指出:"应把文化视为某个社会或某个社会群体特有的精神与物质、理智与情感的不同特点之总和。除了文学和艺术外,文化还包括生活方式、共处的方式、价值观体系、传统和信仰"等。只有通过生成性对话,这样的文化多样性才有可能得到实现和发展。中国从自己独特的文化力出发,有自己独特的面向世界的方式,这种方式不同于美国的软实力征服,而是一种平等的、和悦的、互动的方式。上面谈到的晏婴有一次拜见齐侯时,齐侯对他说:"唯据与我和。"据指的是齐侯侍臣,姓梁,名丘据。晏婴说:"梁丘据不过是求同而已,哪里谈得上和呢?"齐侯问:"和与同难道还有什么不一样吗?"这引出晏婴的一大篇"和实生物,同则不继"的议论。再如"郭店竹简"记载了另一个故事,说的是鲁穆公问孔子的孙子子思说:"何如而可谓忠臣?"子思说:"恒称其君之恶者,可谓忠臣矣。"鲁穆公很不高兴,就去请教成孙弋。成孙弋说:"善哉,言乎!夫为其君之故杀其身者,尝有之矣,恒称其君之恶,未之有也。夫为其君之故杀其身者,效禄爵者也。恒称其君之恶者,远禄爵者也,为义而远禄爵,非子思,吾恶闻之矣。"可见中国古人所看重的首先是不同意见的互动,是一种生成性对话而不是随波逐流,更不是逢迎权势者抬轿子的对话。对话的目的不是私利,而是真正地在相互的撞击中,产生新的思想。在全球化的语境下,这就是通过广义的平等对话,让不同文化根据自己的文化基因和现代解读,为解决世界共同的难题做出贡献。

二、平等对话,共同解决人类难题

中国文化面向世界,与他种文化进行对话沟通已有悠久的历史。这种对话沟通近年来呈现出新的态势。过去,中西文化对话,中国所面对的往往是强势文化的灌输和覆盖。研究中国文化的人的行为动机除了少数出于学术研究的兴趣外,大部分出于掠夺、猎奇、玩赏、压制。因此他们对中国古代文化比对中国现代文化感兴趣,对中国现代学者不重视,或把他们仅视为资料搜集者。目前这种情况有了很大变化。

今天中西文化对话的特点,首先表现为中西学者在平等对话中,以中西文化为资源,探求如何解决人类共同面临的难题。例如,目前人类深陷于自我制造的各种冲突中,从军事战争到经济战争，从资源争夺到社会斗争，从国际冲突到文化对峙。如何克服冲突，形成合作，是人类一直未能解决的最大问题。问题的根源就是由自私发展而来的贪婪。人们都趋利避害，首先维护自己的利益，这是无可厚非，也难于避免的，但贪婪是自私地、无止境、无约束、不顾一切地追求利益最大化，这是人为的，是一切冲突之源：当一切利益和价值以一己之利为准，排他利益至上，这就在逻辑上拒绝了解决冲突问题的可能性。

中国传统文化与此不同，中国古人（如荀子）就认为个人无法独立生存，人的初始状态就是与父母和他人的关系，这首先就是一种社会合作状态。因此，社会的基因不是个人，而是人与人的关系。中国人讲礼，所谓礼，讲的就是在社会关系中的人如何存在，如父慈子孝、君义臣忠、兄友弟恭等，这些都不是讲抽象的个人，而是讲处在社会关系之中的人。

以关系作为基因的社会科学显然比以个人为基因的社会科学更能促进合作。以关系作为基本单位去分析人类行为和价值观，思考重心不在个体而在关系，但并非否定个体利益，而是优先确保关系安全和关系利益以便更好保证各自利益，优先考虑关系的最优可能性以求开拓更大的可能利益和幸福。这是一种伦理主张，也是一种更为合理、更有远见的理性计算方法。

孔子相信利益与道德之间存在着某种结合点。以关系作为基本单位就是试图发现一种更好的存在方式。首先是要建立一个更合理的理性概念，去代替单边主义的个人理性。关系理性优先考虑的是最优相互关系而不是最优单边策略，这意味着优先考虑的是互相伤害最小化然后才是排他利益最大化，这才是最强的风险规避。只有在互相伤害最小化的条件下，自身利益才更为可靠。关系安全（互相伤害最小化）和关系利益（互助和协作）是每个人的可及利益的限度和必要条件。追求排他利益最大化的单边主义无法解决冲突问题，也就永远处于风险之中，难免自取其祸，这反而不是真正理性的选择。

现代个体主义已经制度化而积重难返，它从两个方面迎合了人们的贪婪：一是以人权为名推卸人的义务而使人们互相疏远，为保卫个人权利而不顾其他；很多人已经看到这一点，他们强烈呼吁联合国除了"联合国宪章"和"人权公约"之外，还应该有一个有效的"责任公约"来规约每一个人对社会应尽的责任；二是对排他利益最大化进行无理性的合法化，如所谓"丛林法则"，"强者无敌"。而排他利益最大化本身就是侵略性的，因此增加并深化了许多本无必要的敌意和冲突。

与这种现代信条相反，孟子认为"仁者无敌"，仁者更安全，不是因为他打败了一切敌人，而是因为他没有敌人。以关系作为基本单位是对理性更深刻的理解，因为冲突最小化是利益最大化的必要条件。社科院的赵汀阳教授认为，如果理性不能创造和谐反而加深了敌意，理性就仍然有缺陷；如果理性增强了互相伤害，却不能增进互相信任和幸福，理性就仍然可疑；如果人以理性之名而选择了作法自毙的行为，理性就仍然不可行。因此我们需要深化启蒙。深度启蒙将以关系理性为核心去改进理性的概念，去建立以共在而不仅仅以存在为出发点的理性。可以说，深度启蒙试图以改造过的理性去复兴被现代所贬值的根本价值，真、善、美、正义、和谐等。赵汀阳的这些从中国文化出发，参与世界大问题讨论的看法已引起国际学术界的重视，在多次世界性学术会议中引发了讨论。他坚信如果改变不了世界，就先改变世界观，而世界将因此改变。

另一方面，许多外国学者也不仅停留在以中国文化为参照系重新认识自己的文化。他们更进一步企图从中国文化中吸取有用的东西来解决自己的难题。举一个例子，20世纪60年代，后现代主义实行的现代解构运动曾使一切权威和强制性的一致性思维都黯然失色，同时也使一切都零碎化、浮面化、疏离化，最终只留下一些思想碎片和一个众声喧哗、支离破碎的世界。他们提出粉碎一切权威，粉碎现代主义的宏大叙事，却并未策划出一个新的时代。后现代的离散性和碎片化使人越来越感到无法生活。20世纪末21世纪初，人们越来越感到后现代思潮的危机，于是有学者提出后现代思潮的转型——从解构性的后现代主义转向建构性的后现代主义，建构性后现代思潮的核心是"有机整体的系统观念"，即"关心和谐及这种和谐与万物的关联"，为不同文化的平等共生提供理论根据。例如其倡导者之一约翰·科布（John Cobb）就认为这种有机整体的系统观念说明各族文化都与人类文化相通，都有自己的特殊价值，这种特殊价值在某种条件下都可能成为有益于他种文化的普遍价值。他特别提到，西方后现代的价值与中国前现代的价值有很多可以结合的地方。他举例说，现代西方思想从分离和分类开始，如现代医学区分了病原体和健康细胞，将纯粹的与不纯粹的分开，消灭不纯粹的即摧毁病原体细菌。中国传统文化所遵循的思维方式与此不同，不是分离和纯粹，而是个体与整体的协调，是使体内的各种力量达到平衡。科布认为当代西方思想与中国传统思想虽然看来不同，其实都是深度相通的，任何一种深厚的文化都可以发掘出有益于他种文化的普遍价值。他坚信未来哲学的发展方向必是西方文化和东方文化的互补和交融。

这样的例子还很多，如关于天下与帝国的讨论：作为欧美对外政策基础的帝国理论带来三个世纪的战争灾难，已经走到尽头。2005年，赵汀阳的《天下体系：世界制度哲学导论》描述了一个拥有普世正当性的中国的世界秩序模式。他指出希腊城邦开始了国家政治，而中国的天下体系则开创了世界政治。从"个人—民族国家—国际社会"这样由小到大的方向，它的最大思考单位止步于民族国家，而国际社会只不过是民族国家之间的利益博弈场；赵汀阳把目光转向中国古代的天下，发现这个几千年前提出的概念蕴藏着惊人的理论潜力：这种理想把天下看作是"至大无外"的思考单位，从"天下—国（诸侯）—家"这样由大至小的方向，思考如何实现各个层次的和谐，它不承认存在着无法被理解的绝对他者，而相信每个他者都是这个至大无外的天下的一个组成部分，因此也就排除了不可通约的、绝对的"文明的冲突"，而这正是我们今日世界所渴求的。从此，天下体系作为不同于长期统治的帝国理论的另一种概念和思考方式，逐渐广为人知，引起世界思想界的重视。

海外华人历史学家、原香港大学校长王赓武教授用"天下和帝国"作为他2006年出任哈佛大学讲座教授就任演说的主题。2009年，著名的人文杂志《第欧根尼》（*Diogenes*）刊发了赵汀阳文章的英文版，更是引起了热议。正如欧盟跨文化研究所所长阿兰·李比雄所说："一个更新的天下理论可能有助于为我们生存的这个世界的混乱局面找到一条解决之道。"他认为这种替换性的思路可以帮助我们"撕破那种线性的逻辑","脱离那种目的论的时间和黑格尔式的历史愿景,而去考虑一种新的、开放的时间经验和历史经验"。关于天下体系的研究和讨论当然还仅仅是开始,会有很多质疑和不同意见。例如英国曼彻斯特大学柯岚安教授就认为虽然天下体系已成为"普世性世界政治模式的来源之一",但仍然有着严重的理论问题。从中国传统文化本身来看,天下体系本身也还需要一个扬弃和重新诠释的过程。更重要的是必须进一步研究在国际这一层面上,这一模式是否具有普遍意义,是否普遍可操作?它与其他模式之间是否兼容?是否可通约?如李比雄所说,这些都是跨文化研究试图提出和需要回答的问题。

再如"情与理性"的关系,以礼乐文化为主体的中国文化,其基础是儒、道、释、禅相辅相成的华夏哲学、美学、文艺以及伦理政治。其核心不只是理性认识,而是既合理又合情的"情理交融的人性心理",是一种文化伦理的情理认识。中国美学讲的是陶情冶性,它是一个塑造生命意识的过程,所以中国讲究心斋、养气、道器、虚实等观念,抵制物化,涵养情性已成为一种传统。如今,物化、功利不仅笼罩着社会生活的现实,甚至也侵蚀了本来可以超越这种物化而独立,并抵抗物化的审美文化本身。审美文化本来是要超越人类的物质利益生活层面而提升到精神高度,但现在却反过来,把人重新拉回到物化的层面,审美文化被作为产业或一种所谓软实力而被功利化和权力化。但是传统中国文化中的超越时空,讲究"空明若镜"的审美文化对于追求"诗意的栖居"的西方社会仍有吸引力。总之,情理(reasonability)和单纯理性(rationality)之间的区分,具有十分重大的意义,而为当代西方研究者所重视。

再如诠释学的理论,现在我们的经典诠释使用的基本上都是西方经典诠释的框架,不仅哲学,还有社会学、文学、历史学、宗教学等,这些方面的解释框架都是西方的。其实在经典解释上,我们有比西方更长的历史。我们从战国时期就有《左传》解释《春秋》,那是在公元前三四百年。西方的解释学虽然在古希腊已有亚里士多德解释柏拉图的思想,但并不占重要地位。西方真正对经典的诠释是从诠释《圣经》开始的,那就已经在公元200年之后,比我们要晚了四百年的时间。我们有非常丰富的解释经典的历史,正在编撰的《儒藏总目》,其中对"五经"的解释就有一万四千种书。我们自己没有把中国的诠释学总结出来,而19世纪末、20世纪初狄尔泰等把他们的诠释总结成为一种独立的系统,现在我们多半用他们总结出来的概念和原理。我们必须创造性地总结自己的诠释学,在中西思想的撞击中，我们一定能创造出对世界提供新思想的、新的中国诠释体系。

这样的例子还很多，如安乐哲等人提出的、以"共同批判实证主义和科学主义为核心"的儒家民主主义（他们认为这是杜威和孔子对话的产物）；另外还有法治与礼治的关系，中国的三教合一与西方的宗教战争，西方马克思主义与马克思主义的中国化问题，等等。由于参与讨论的学者一方面对自己的文化有深入的掌握，另一方面对他种文化也有一定的了解，从而打开了中国文化面向世界的新局面；中国文化也就由此面向世界。

三、面向世界需要对自己文化的自觉和对他人文化同情的了解

对世界展开中国文化，最需要对自己文化的自觉热爱，也需要对他人文化的同情的了解。这里想举一个林语堂的例子。1938年，林语堂用英文写的向西方介绍中国文化的《生活的艺术》一书出版，引起轰动，成为美国畅销书排行榜第一名，且持续时间长达52个星期。后来，此书在美国重印了40余次，被译成十多种不同的语言，覆盖的国家包括英国、法国、德国、

意大利、日本、丹麦、瑞典、西班牙、荷兰等，直到今天它的影响力仍然不衰。林语堂1935年写的《吾国与吾民》也深受美国读者喜爱。诺贝尔文学奖获得者、美国作家赛珍珠说："长期以来，我就希望他们中的某个人可以为我们所有的人写一本有关他们自己的中国的书，一本真正的书，渗透着中国人基本精神的书。"而《吾国与吾民》正是她所期待的那一本。她评价说："我认为这是迄今为止最真实、最深刻、最完备、最重要的一部关于中国的著作。更值得称道的是，它是由一位中国人写的，一位现代的中国人，他的根基深深地扎在过去，他丰硕的果实却结在今天。"

80余年过去了。中国的经济地位、文化实力无疑大大超过了20世纪30年代，但是，为什么直到今天还不曾出现一本和林语堂以上两本书在国外的影响可以媲美的中国人自己写的书呢？我想这可能有以下几个原因：

首先是林语堂对中国文化有深刻广泛的了解和热爱，能够捕捉到中国文化的神髓，并以简约的形式传达给西方读者。林语堂虽然没有陈寅恪、钱锺书那样的家学渊源、文化根底（他出生于一个基督教牧师家庭，后来进入上海著名的教会大学圣约翰大学），但他勤于学习，努力实践。他不仅用英文写了《中国的智慧》《孔子的智慧》《老子的智慧》等综合性介绍，而且直接将中国文化名著译成英文，如陶渊明等的《古文小品》、苏东坡的《东坡诗文选》、沈复的《浮生六记》、郑板桥的《板桥家书》、刘鹗的《老残游记》等。

其次，他的家庭背景和经历使他比较容易理解西方读者的文化趣味和内在需求，因此有可能针对他们的兴趣爱好，对中国文化给予准确、到位和贴切的解释。他总是把外国读者置于朋友的地位，将心比心，尊重不同文化的差异，而不是向他们灌输、宣传，更不是向他们炫耀什么软实力。

再次，林语堂以平和的心态、自由的精神、杰出的文学才能，从容自若、娓娓道来，在选题方面，不论题目，大至宇宙，小至苍蝇都可以成为其描写对象，做到了有容乃大，易于接受。创造了一种所谓娓语文体，与启蒙文体的高调、傲慢、急躁形成尖锐的对立。

更重要的是他的一切出发点都是基于坚定的跨文化思想的基础。这也许与他在美国哈佛大学研究比较文学的经历有关。1919年，他曾获得半额奖学金，离开清华大学去哈佛比较文学系学习；与他同学的有吴宓和梅光迪等，林语堂深受他们的影响。他始终认为理想的生活应该是中西互补的，既要努力工作，又要尽情享受，而且这二者相互交融、不可分离。林语堂说，人生永远有两方面，工作与消遣，事业与游戏，应酬与燕居，守礼与陶情，拘泥与放逸，谨慎与潇洒。其原因在于人之心灵总是一张一弛，若海之有潮汐，音之有节奏，天之有晴雨，时之有寒暑，日之有晦明。宇宙之生律无不基于此循环起伏之理，所以生活是富有曲线的，也就是多样的。

30年代，著名的文化人往往会在自己40岁生日时，对自己过往的人生做一些回顾和小结，写下一段人生感言。1934年林语堂40岁，他也写了《我的话·杂说》五则联语，既总结过去，也树立了今后的人生准则。其内容如下：

> 道理参透是幽默，性灵解脱有文章。
> 两脚踏东西文化，一心评宇宙文章。
> 对面只有知心友，两旁俱无碍目人。
> 胸中自有青山在，何必随人看桃花？
> 领现在可行之乐，补平生未读之书。

这说明他宽容通达的人生观和独立思考，以及汇通东西文化的宽阔视野。林语堂的一生，正是在这个基础上创造了至今无可企及的中西跨文化流通的实绩。

四、文化选择和释读之权在双方

面向世界的中国文化并不只是我们制作好了，端出去的一盘点心，而是在长期互动过程中逐渐形成的相互影响。中国文化面向世界，与他种文化进行对话沟通已有悠久的历史，特别是18世纪以来，中国文化正是通过伏尔泰、莱布尼茨、荣格、白璧德、庞德、奥尼尔、谢阁兰、米肖等西方主流文化的哲学家、思想家、文学家的融会贯通，包括误读和改写，才真正进入西方文化的，这些西方主流文化的大家并不全面熟悉中国文化，也并不精通汉语，但却从中国文化汲取了至关重要的灵感和启迪。这是一个十分复杂的过程，这首先是一种灵感的共鸣，不是一般汉学家的研究所能代替的。这个过程的目的首先都是为了寻找一个外在的视角，以便更好地审视和更深刻地了解自己，但要真正外在于自己却并不容易。人几乎不可能脱离自身的处境和文化框架，他们对异文化的研究和吸取也就往往决定于其自身的处境和条件。

例如法国的伏尔泰（1694—1778），他穷尽一生精力，孜孜追求的理想，就是将法国变成一个能够具有宗教宽容精神的国度，而在他看来，中国就是这样的理想国的最优秀的范例。

这是我们理解伏尔泰为什么推崇中国文化的关键。伏尔泰关于中国的知识，多半是作为他说明自己的思想时引述的例证出现的。在他的中国知识体系中，他最看重的，是他认为中国文化中存在着的那种宗教宽容的态度，而他一生致力的，可以说就是提倡宗教宽容，进一步说，提倡思想自由——这本也是西方启蒙时代的核心精神，是人本主义或者说人道主义概念中最核心的内容之一。当然，西方人对中国文化的认识本来就是真知与误解并存。伏尔泰以为中国的传统精神就是一种普遍的宽容精神。在他看来，中国人对于宗教的态度，就是最理想的宗教宽容的态度，他甚至认为，这就是中国之所以强大、繁荣和自信的根本原因。他切入中国文化的观察点是西方式的，而且，他本来的目的就不是要研究中国文化，而是要找到一个理想的实例来说明他从逻辑上确立起来的理想。伏尔泰的哲学思想就是对于思想自由，对于宗教宽容的执着。对于伏尔泰来说，中国是他对自身文化传统的批判中为自己设立的批判参照系提供的一个难得的良好例证。

在伏尔泰眼中，中国的确是一个相当理想的国度，无论是从政治制度、法律、对于宗教的态度还是从道德或者日常的待人接物的态度上来看都是如此。他认为中国这个巨大古国长久存在的理由就是因为中国人有着最好的道德和法律。"中国人最深刻了解、最精心培育、最致力完善的东西是道德和法律。儿女孝敬父母是国家的基础。"伏尔泰说,"世界上曾有过的最幸福、最可敬的时代,那就是奉行孔子的法律的时代。"特别重要的是"他(孔子)不是先知,他不自称得到神的启示,他所得到的启示就是经常注意抑制情欲;他只是作为贤者立言,因此中国人只把他视为圣人"。(《风俗论》上册,第253页)他认为更重要的是,中国人没有因此而将孔子神化,"至于孔子本人,他享有一切荣誉——不是神的荣誉(神的荣誉谁也无法享有),而是一个人由于在神明的问题上,提出了人类理性所能够形成的最圣洁的看法而受之无愧的荣誉"。(同上)在伏尔泰看来,西方一些早期的宗教领袖或者活跃人物在后来的宗教中被当作先知,从而垄断了神意,并以这种垄断的身份压制其他的对于上帝的信仰方式,是一种最要不得的做法。而孔子之所以应该受到尊敬,就因为他不这样做。他的教导中,没有如西方宗教中的先知或者使徒那样一种通过垄断神意而将自身变成神的企图,而只是将自己当作一个人,而且,在他的教导之下,中国人后来也的确这样做了。[①]

德国的莱布尼兹(1646—1716)对中国的了解主要是通过

[①] 参阅《伏尔泰与中国文化》,陈宣良著,见乐黛云主编《中学西渐丛书》第二辑,首都师范大学出版社,2010年。

读书和请教传教士,特别是与康熙皇帝有密切关系的闵明我神父(意大利人),莱布尼兹向他提出30个有关中国的问题。上自天文,下至地理,从医药到军事,从航海以至生活方式,养蚕、印刷等。闵是康熙的数学老师,他说康熙言行公正,对人民仁爱备至,生活节俭自制。莱布尼兹因而对中国有了强烈好感。他认为"在实践哲学方面,中国人为了使自己内部尽量少产生摩擦,把公共的祥和、人类共同生活的秩序考虑得非常周到。他们在其庞大的社会群体中所取得的成效比宗教团体的创始人在其小范围内所取得的要大得多"。他在他主编的《中国新事萃编》一万多字的序言中指出:"中国人享有东方最聪明的民族这一盛誉,他们对其他民族起到的典范作用表明,自有耶稣使徒以来,世上人概还没有比这更伟大的事业值得耶稣使徒去从事。"他发现了二进制算术与伏羲六十四卦方圆图的对应关系。1716年逝世前几个月,他写了《论中国人的自然神学》。他极力主张不同民族文化之间的互相学习。他说:"全人类最伟大的文化和最发达的文明仿佛今天汇集在文明大陆的两端,即汇集在欧洲和地球另一端的东方的欧洲——中国。大概是天意要使得这两个文明程度最高的,同时又是相隔最为遥远的民族携起手来,逐渐地把位于它们两者之间的各个民族都引入一种更为合乎理性的生活。"①

总之,在全球化的大潮中,我们面对的是一个五千年连绵不断的伟大文明的复兴,是一个文明型国家的崛起,这种崛起的深度、广度和力度都是人类历史上前所未见的。我们有能力对世界文明做出原创性的贡献,也有能力汲取其他文明的一切长处而不失去自我。这就是我们面对世界文化的根本出发点。我们不需要炫耀,不需要灌输,所谓桃李不言,下自成蹊,中国文化的价值必然会越来越成为世界关注的热点。

---

① 参阅《莱布尼茨与中国文化》,孙小礼著,见乐黛云主编《中学西渐丛书》第一辑,首都师范大学出版社,2006年。

多元文化发展与跨文化对话

一、多元文化的发展及其当前遇到的问题

(一)《查理周刊》事件引起的思考

欧洲《查理周刊》事件引起人们心里很大的震动！到底这个世界的前景会怎样，未来会怎样？从亨廷顿（Samuel Phillips Huntington）讲"文化冲突"到现在，似乎没有任何好转的迹象，反而好像是越来越坏了。在我们中国人看来，恐怖分子杀人固然不对，但侮辱别人的宗教也不对。如何才能把双方协调起来呢？这就需要多元、和谐等观念，需要承认每个人可以有不同的想法，有自由的思考，可是现在已经不太可能这么做了，问题越来越尖锐，而且更为严重。

不同文化的接触越来越多，多元文化引起的纷争已经到了极其尖锐的程度。以移民问题为例，首先是欧洲不能没有移

民，研究者们得出结论，欧洲将必须每年招募一百多万移民，才能相当于欧洲女性平均每人生育一个以上的孩子。仅仅是德国就必须在未来的三十年里每年迎来五十万年轻移民（这个数字相当于它的生育率的两倍），才能避免人口数量的巨大滑坡。不同文化体系之间人们的通婚提出了更复杂的问题。如果说在1960年的德国，只有1.3%的新生婴儿有外国父亲或母亲，那么，1994年，却有18.4%的新生婴儿有外国父亲或母亲，这种趋势今后还会有增无减。近两年中国广州也出现了50万人规模的非裔移民潮。不同文化的婚姻虽然开启了不同文化间新的沟通渠道，弥合了某些文化鸿沟，但另一方面也加深了某些文化的衰亡感，并导致对外国人更加充满敌意的文化压制和报复，《查理周刊》事件只是一个结果。

你们还记得挪威于特岛的事件吗？2011年7月22日21时，挪威首都奥斯陆中心的挪威政府办公大楼附近发生了爆炸，不到两个小时，在奥斯陆西北部的于特岛，执政党组织的一场活动中又发生了枪击事件，两起事件造成77人死亡，多人受伤。这是自第二次世界大战结束以来挪威境内发生的最为严重的暴力袭击事件。挪威一直是我心中一块和平、宁静、美好的乐土！今天，一个号称文明的白种人竟然无缘无故地开枪杀死了70多个在岛上手无寸铁的年轻人！他事后声明他只是为了抗议政府的移民政策，担忧和看不惯本土文化的丧失。

事实上，如果不能实现多元文化共生，那就只能实行文化一元化的文化霸权和文化单边统治，这是美国一向所追求的。他们希望用自己的文化覆盖其他的文化，例如在伊拉克强行实现所谓"自由民主人权"，在一些国家煽动所谓"颜色革命"，其结果都是适得其反，引起更大冲突。

（二）文化冲突的加剧与对多元文化发展的疑虑

在未来数十年内没有移民洪流涌入，欧洲将会老化，欧洲的经济将会衰退；但另一方面，移民潮又将威胁甚至压垮已经十分紧张的政府福利预算和人们自身的文化认同感。如何公平合理地对待移民就成了严重问题。他们没有经济能力给移民和本地人同样的福利待遇，又认为你既然到了我们国家，就应该遵守我们的文化、生活、风俗、习惯，而不能保留你原来故土的一切。我自己在巴黎时，有一件事使我很有触动。按照伊斯兰风俗，在巴黎上学的伊斯兰小女孩也必须像在家乡一样，戴上头巾。可是校长却认为在校学生应该按法国学校的规定穿制服，不能戴头巾。这件事在当时引起了很大的争议，以致游行抗争。另一件事是按伊斯兰习惯，男女不能在一个游泳池内游泳，所以他们要求每周有一天时间游泳池不许男孩子进入，以便女孩子们能游泳。但校长坚决反对，继续要保持原有的法国习惯而不愿意按照伊斯兰的习惯来做出改变，似乎双方说的都有道理，最后到底应该怎么解决呢？其实按照多元共存互礼互让的中国中庸原则，通过对话，问题并非不能解决。

但是一元化单边统治在全世界仍然占统治地位，其结果必然是失败的。多元文化共处是世界无法避免的前景。但是多元思想如今遇到了很大的危机，特别是在"《查理周刊》事件"之后，有些领导人，包括默克尔（Angela Dorothea Merkel）等比较开放的领导人，都表示"多元主义实际上是失败了"。默克尔认为在他们的国家如果允许这么多移民迁入，而不使之融入当地社会的话，那争斗将无法停止。还有英国、法国等欧洲国家的领导人也承认了多元主义的失败。只有跨文化对话才能解决这一问题。

（三）建构多元文化共存的命运共同体

我们反对文化单边统治，也反对文化原教旨主义，我们必须努力建构多元文化共存的命运共同体，既避免原教旨主义引起的文化冲突，又要避免单边统治、一元化征服，压制他种文化，引向战争，而跨文化对话是必由的途径。修身，齐家，治国，最后是平天下，这个平天下跟原来帝国主义统治全球的谱系是很不一样的。中国现在有很多人认为中国要强大，什么叫强大？他们认为强大就是要像过去的罗马帝国、不列颠帝国，甚至日本帝国一样……走它们的老路，用强力统治其他民族和地区。这就是一元化思想。美国哲学家安乐哲（Roger T. Ames）认为这不是中国的传统。他认为习近平在许多场合都强调了多元性，强调了互相学习和包容。他认为中国现在在非洲的政策很好，是让他们做他们自己。而美国很骄横，帮助别人就要别人按他们的要求来做。

二、多元文化对话的几种方式及其结果

多元文化共同体的建构，必由之路是跨文化对话。

跨文化对话会遇到几个悖论：

（一）普遍与特殊的悖论

有些人认为普遍性笼罩一切，没有强调特殊性，也就没有对话的必要；有些人认为只有特殊性，根本没有对话，没有相互理解的可能。例如后现代思潮不承认普遍性，认为一切被指为普遍的东西多是独断的、僵化的，并有强加于人的暴力倾向；他们反对任何结构性的制约，认为不存在中心，也没有

所谓普遍性，只有互不关联的特殊性。他们认同"无深度概念"，消解一切现象与本质、必然与偶然、普遍与特殊、能指与所指之间的联系（所谓能指的漂浮），使一切事物成为既无时间连续，又无空间相关性的孤立个体，他们都只强调差别而忽视联系，只承认个别而反对一般。文化孤立主义与文化相对主义都是如此。这就取消了对话的必要。必须承认我们生活在同一个地球上，承认建立人类命运共同体的前提，对话才有根据。

（二）保持纯粹与互相影响的悖论

一方面是全球化（趋同），另一方面是多元化（离异），趋同趋势现在仍很强大，因为科技的一体化和人为的文化霸权单边统治相一致；另一方面，坚持文化多元的趋势也十分顽强，其极端就是文化原教旨主义。这就存在一个悖论：要保存文化的多样性，那当然是每种文化越纯粹、越"地道"越好，但不同文化之间又不可避免地互相渗透、吸取，这种渗透交流的结果是不是会使世界文化的差异逐渐缩小，乃至因混同而消失呢？

从历史发展来看，一种文化对他种文化的吸收总是通过自己的文化眼光和文化框架来进行，也就是要通过自身文化屏障的过滤，很少会全盘照搬而多半是取其所需。例如，佛教传入中国，得到很大发展，但在印度曾颇为发达的佛教唯识宗由于其与中国传统思维方式抵触过大，就很难得到传播和发展；又如陈寅恪所指出的：由于与中国传统伦理观念不能相容，佛藏中"涉及男女性交诸要义"的部分，"纵笃信之教徒，亦复不能奉受"，"大抵噤默不置一语"，"惟有隐秘闭藏，禁止其流布"①。法国象征派诗歌对20世纪30年代中国诗歌的影响亦复如是。当时，兰波、魏尔仑的诗歌被大量译介，而作为法国象征主义诗歌杰出代表的马拉梅在中国的影响却甚小。金丝燕的《文学接受与文化过滤》一书对此有深刻的分析。这些都说明了本土文化在文化接触中的一种最初的选择。

同时，一种文化对他种文化的接受也不大可能原封不动地移植。一种文化被引进后，往往不会再按原来轨道发展，而是与当地文化相结合产生出新的，甚至更加辉煌的结果。希腊文化和希伯来文化传入西欧，成为西欧文化的基石，这是一种崭新的文化，与原有的母体文化已有很多不同。印度佛教传入中国，与中国原有的文化相结合产生了中国化的佛教宗派天台、华严、禅宗等；这些中国化的佛教宗派又成为中国宋明新儒学发展的重要契机。这种文化异地发展，滋生出新文化的现象，

---

① 陈寅恪《寒柳堂集》，上海：上海古籍出版社，1980年，第155页。

在历史上屡屡发生。

况且,两种文化的相互影响和吸收不是一个"同化"、"合一"的过程,而是一个在不同环境中转化为新物的过程。在不同选择、不同条件相互作用下创造出来的新物,不再有旧物原来的"纯粹",但它仍然是从旧物中脱颖而出,仍然具有不同于他物的独特之处,因此全球化和多元化的相互作用,其结果并不是"趋同"乃至"混一",而是在新的基础上产生新质和新的差异。当然,这并不排斥在漫长的社会发展进程中,人们会逐渐形成某些共同的价值标准,但即使是这些为数不多的共同标准在不同的地区和民族也还有其不同的理解和不同的表现形式,在普遍性中体现着原有的特殊。

(三)对话中的自我与他者

在对话中我们总是从自我出发,总想同化对方,说服他同意我的方案,接受我的想法,这样做的结果只能是牺牲对方的特色而趋同。这就是过去的打通思想,我打你通。中国人相信不同的东西可以凝在一起,形成多元一体,它们之间的关系是,"和实生物,同则不继"。"和"就是协调不同的人和事,使之在参差不齐中,和谐发展(并非融合为一)。如《尚书·尧典》:"百姓昭明,协和万邦。""协和万邦"就是要使各有特色的多种文化和谐共处,而不是融为"一邦"。融为"一邦"就是"同",而不再是"和";对话的结果是产生"使物丰长"而发展的新的"和",而不是"以同裨同,尽乃弃矣"的那个"同"。因此,勒维纳斯(E. Levinas)特别强调,应该从他者出发,关注他者最不清楚,甚至最不可能理解的那一面。这样,在与他者相接触的过程中,就不会顺应岔路中你自身的欲望,将你推向你思索中的局限,而是引向你所不知道的另一个新的方向。勒维纳斯认为:"与我相遇的是处处超越我,能够从他那里得到新观念的他人,是不会封闭于任何知识之中的他人。"①总之,"他者"是我所"不是",不是因为他的性格、外貌和心理的特色,而仅仅是因为他的相异性本身。正是由于这种相异性,"我与他人的关系不像通常所认为的那样是一种'融合',而是一种'面对面'的关系"。②然而,只强调相异性,就很难达到理解和沟通的目的,不强调相异性,又会发生混同融合等情形。但如果"取消他者性,这将是模糊的单一和沉默"。

---

① 勒维纳斯《整体与无限》,参阅《跨文化对话》第7辑,第29页。
② 勒维纳斯《时间与他人》,参阅杜小真《勒维纳斯》,香港:三联书店,1994年。

（四）差异与间距

在跨文化对话中，差异之外，"间距"或"之间"，也是很重要的概念。差异建立在分辨（distinction）的基础上，它需要一个共同的前提。间距则来自距离（distance）。例如要分辨一把椅子和一张桌子，就得把它们想成是属于一种更普遍的类型（家具类）。间距没有共同归属的问题，它不需归类为范畴，而是当下的对看。间距的形象不是整理排列存放，而是打乱的。例如，若说椅子是可以充气的，它所凸显的就是一种完全新的想法，打乱了原来的差别分类。弗朗索瓦·于连（Francois Jullien）称之为"有孕育力（fécondité）"，即有生产力的（productive）。间距不像差异那般地紧抓着认同，差异是按照一种认同视点而进行的，那是在所谓的多种特征当中选取同和异凸显出来而彼此有别。间距是在对看之中，内部发展当中发现其异质性（l'hétérotopie）。亦即突出一种思想为了自我确立而与其他的思想分别的特殊分岔之处。研究这个分岔之处是一切预见，也是创造和新思想的开始。于连举了一个例子。苏东坡说："观士人画，如阅天下马"，画工往往只捕捉到马的外在特征，但马所具有的俊发之气全都消失了。可见马的气质并不在皮毛之间，但又要有摸得到的事物——有形有体——才能使俊发之气穿越而显现。故清人方薰（懒儒）说"然舍鞭策、皮毛，并无马矣"，因此，俊发之气，"莫非鞭策、皮毛之间耳"。于连认为方薰强调的不是本体而是非本体的流动的"之间"。这正是中国艺术最根本的"气韵生动"。欧洲现代派画家们早在哲学家们之前也从事去本体论的尝试。布哈格（Braque）说："在苹果和盘子之间的，也画了，甚至这个'在两者之间'在我看来也跟他们所谓的'客体'一样重要。"

因此，用间距的观念来研究中欧的跨文化对话，就必须一会儿顺着这一种思想而一会儿又顺着那一种思想，以便使它们面对面地互相反思，不让它们任何一方稳定下来。如果我们要从侧面捕捉并注视那些从正面（直接）看不到的经验，那些因此沉积在我们未思里的东西，这种蟹行或侧行正是唯一可行之道。于连追求的"未思"和《黄帝内经》所讲的"治未病"一样，关注的是一种"尚无本体"的"不存在而有"。未病是病的一种可能性，未思是未对话之前尚在酝酿中的"思"，若能在其未成形之前加以化解或发挥就是最高明的对话。

中国道家哲学强调一切事物的意义并非一成不变，也不一定有预定的答案。答案和意义形成于千变万化的互动关系和不确定的无穷可能性之中。由于某种机缘，多种可能性中的一种变成了现实。这就是老子说的"有物混成"（郭店竹简作"有状混成"），也就是于连所说的"尚无主体性"的不确定的流动主体。因此，从中国道家的宇宙观出发，最重要的就不是拘泥于人们以为是"已定的"，其实仍在不断变化的"确定性"，而是去研究当下的、即时的、能有效解决问题的、从现实当中涌现出来的各种不确定性中的可能性。只有向未知进发，才能创造新路，一切都已固定的，只能是老路。这也就是《黄帝内经》所说的已成形的已病和尚未露迹象的未病的关系，其实，随着主体视角和参照系的改变，客观世界也呈现着不同的面貌。甚至主体对本身新的认识也要依靠从他者的重新认识和互动来把握。正如朱熹所说："天即人，人即天。人之始生，得于天也；既生此人，则天又在人矣。"天要由人来彰显。只有通过自由创造、具有充分随机应变的自主性而又与天相通的人，天的活泼泼的气象才能得以体现。

上述《道德经》中论述的"惚恍"和"不存在而有"的宇宙观与当今的混沌科学思想有许多相通之处。《混沌七鉴——来自易学的永恒智慧》一书的作者指出："《易经》对我们特别有启示。混沌的科学思想源于研究人员对气象、电路、湍流等复杂物理系统的研究。很明显，《易经》的作者和注疏者曾长期深入思考过自然界和人类活动中的有序和无序间的关系，他们最终将这种关系称为'太极'。"又说:"欧洲各国、美国、中国的社会正处在一个巨变的时代,正如过去《易经》的作者和注疏者那样,此时此刻人们正试图洞察个体与集体的关系,寻求永恒变易中的稳定。我们的时代是一个来自方方面面的思想和感知产生出巨大能量的时代。当代世界的社会状况类似于物理系统中的非平衡态。新的相对稳定和意外结构有时会突然产生。或许,当未来社会朝我们未曾指望的方向发展时,混沌科学会帮助我们理解所发生的一切。"[1]

总之,只有再次打开间距和距离,才可能凸显他者,这个他者因此不会跟自己(soi)粘在一起,不会被自己并吞或甚至由于以自己为参考指数而异化(aliéné);他者反而因为有了间距而脱离自己,他者不会只是自己的投射或修改,而确实得以形成"他者/别的/不同的"(autre),然后立足于自己的对面(s'établir en vis-à-vis)。换句话说,必须清理出"之间"以凸显他者;这个由间距所开拓出来的之间,使自己与他者可以交流,因而有助于它们之间的伙伴关系。间距所制造的之间,既是使他者建立的条件,也是让我们与他者得以联系的

---

[1] [美]约翰·布里格斯(J. Briggs)、[英]戴维·皮特(F. D. Peat)《混沌七鉴——来自易学的永恒智慧》,陈忠等译,上海:上海科技教育出版社,2003年。

中介。

最后，我想用弗朗索瓦·于连的话来结束这一部分。他说："我不主张汇合所有文化，也不主张在一切文化当中进行筛选，从中选取最小的共同点，作为众文化之间的共同基础。联合国教科文组织（UNESCO）近几年来在这方面已经做了很多的努力，但是毫无成果——我们应该反省这个失败。因为，正如共同之处只能通过间距才发挥作用，文化的本性在趋向同质化（s'homogénéiser）的同时也不停地异质化（s'hétérogénéiser）；在趋向统一性（l'unification）的同时也不断地多元化（se pluraliser）；在趋向融合与顺应（se confondre e tse conformer）的同时也不停地标示自身的特色。去认同而再认同（de se démarquer, de se désidentifier et de se réidentifier）；在趋向自我提升到主流文化（s'élever en culture dominante）的同时也不断地让异议发挥作用（d'être travaillé par ladissidence）。这就是为何文化肯定是复数的，中国文化与欧洲文化不过是典范例子，我们今天要一起思索这两种文化的面对面。"

这就是我们这一代人的责任，为了避免张冠李戴的错误和"差不多"的领会；也为了避免使我们相信我们通过现在的标准化语言可以完全彼此理解的错误，我们必须真正理解禅宗所说:"我向尔道是第二义。"也就是说,用语言说出来的已不是我心中原来所想的原貌,因为已经过了语言的归纳、编排和改造。人们却往往忽略了这第一义与第二义的重要差别,而以为大家的共同用语表现着共同的思想和意义,传递着分歧的含义而浑然不觉。

弗朗索瓦·于连认为:"唯有付出这样的代价,才可能进行一场在中国与欧洲思想之间真正的'间谈',即保持距离的、面对面的、跨文化的平等对谈。"

美国梦，欧洲梦，中国梦

杰里米·里夫金（Jeremy Rifkin）试图用美国梦和欧洲梦两个概念来说明人类社会的复杂局面。他所说的美国梦和欧洲梦并不是指地缘的区别，而是指两个截然不同的历史阶段，是指不同时空中、不同的思维方式与生存方式[①]。

一、美国梦

所谓美国梦，是指每一个人都拥有不受限制的机遇来追求财富，积累财富。它包括以下四方面内容：

1. 在美国梦的追求中，私有财产被看作通向个人自由的通行证。一个人拥有的财产越多，就越能具备自主权和流动性，

---

① ［美］杰里米·里夫金《欧洲梦——21世纪人类发展的新梦想》，杨治宜译，重庆：重庆出版社，2006年。

越不依靠别人或受惠于他人，也越不臣服于环境；财富愈多，个人就愈加自由独立。

2. 财富带来排他性，排他性带来安全，财产是自我和他者之间的边界，个人聚敛巨大财富的成功被当作唯一的或主要的成功标准。财富愈多，愈是与众不同，愈有社会地位，就愈安全。

3. 在美国梦的笼罩下，人们不惜一切代价追求自主，过度消费，纵容每种欲望，浪费地球的丰饶资源。社会鼓励不受限制的经济增长，强者受奖赏，弱者被边缘化。美国人把自己看作是上帝的选民，因此有资格获得一份超出公道份额的地球财富。如今，美国人消费了多达三分之一的世界能源，还有数额惊人的其他地球资源，尽管他们的人数只占世界人口总数的5％弱。如果中国每个人都达到美国今天中产阶级的生活，那就要有七个地球才够用。

4. 在美国社会一切主要都围绕着占有、分配资本及保护私人财产权利展开，民权、政治权利和社会权利都以各自的方式被设计为使财产利益增值。作为国家，美国满心要保护自身利益，组建了有史以来最强大的军事机器，以获取并保卫自己想要并相信是分内应得的东西。

总之，美国梦就是以"最大自由去挣最多的钱"。美国梦曾经在很大程度上是全世界共同的梦，它创造了前所未有的巨大财富，带来了无可比拟的物质进步，目前仍然是最有影响力的梦，以致很少有人想到自己的梦或者别的什么梦。美国梦代表着最大化的个人自由、最先进的物质进步和最丰富尤其是最平等的成功机会。从哲学角度看，美国梦的精神原则是自由主义、个人主义、平民主义、实用主义、竞争主义和征服主义，集中起来就是说，人人都能够通过自己的努力而获得个人成功，即发财。事实上，美国的现实条件也确实提供了这样的机缘。正如布尔斯廷（Daniel Boorstin）在《美国人：开拓历程》中所描写的那样，在美国开拓和发展初期，无边的土地，无尽的资源，无数的机会，完全"不像欧洲那样，什么地方都挤得满满的"。[①]只要努力奋斗，人人都能够成功。这种成功不是靠在竞争中不择手段打垮对手获益，而是与辛勤劳动成正比的正当收获（当然美国人往往忘记欺压剥削印第安人问题）。但这种积极的美国本地经验随着疯狂的发展变了质，过度的发展使美国不仅充分开拓了本土，而且还需要开拓整个世界以满足不断发展的欲望，而两次世界大战的机遇又使美国得到史无前例的成功机会，于是形成了整体美国人民集体剥削世界人民的

---

① ［美］布尔斯廷《美国人：开拓历程》，北京：生活·读书·新知三联书店，1993年，第215页。

格局，正是这个格局维持了金碧辉煌甚至纸醉金迷的美国梦神话。美国梦是建立在世界人民的痛苦、贫穷和无前途之上的，所以它不是世界的梦，也不是"为了世界"的梦。今天人们终于意识到，我们这个有限的世界不仅远远供养不起全球的美国梦，甚至将来还有可能供养不起美国自己的美国梦——如果非要坚持现代的无限发展原则的话。这样，美国就终于把自己塑造成试图统治世界的新帝国，它把美国与"世界其他地方"区分开来，把美国的存在使命化，它在为自己编造拯救世界的政治神学使命的同时也把自己变成世界的敌人。

很显然，只要坚持个人利益最大化原则，美国梦就不可能是个普遍有效的梦，因为不存在一个社会空间足以让每个人都获得成功，人人成功是所有不可能的事情中最不可能的事情，除非对成功的内涵有完全不同的解释。因此，在逻辑上说，美国梦永远只能是某些人的梦而不可能是所有人的梦，这样的梦对于某些人来说是好梦，同时对于某些人就是噩梦。于是，美国梦的深层意义就是一个粉碎他人梦想而成就自己梦想的梦。美国梦无条件地肯定了个人自由和个人成功，于是，一切妨害个人自由的事或人就都是敌对方，甚至所有与美国不同的社会和文化都被看作是对自由的潜在威胁，都被先验地定义为美国的敌人。但是铁的事实是，只有当人们都出让某些自由而且出让足够多的自由,才可能形成合作协调的友好关系,才能在事实上获得更多的好处,假如夸张自由的绝对性,就不可能发展友善意识。所以胡适说:"宽容比自由更重要。"只强调自由的梦必定具有与他者为敌的基本意识。美国声称美国对于本土人民是个自由乐园,对于世界上不自由的人民是个方舟;对于自由世界是个榜样,对于其他别样的世界则是拯救者。当美国为自身构造了这样的政治神学,美国就终于把自己塑造成试图统治世界的新帝国。它把美国与"世界其他地方"绝对区分开来,把美国的存在使命化,它在为自己编造拯救世界的政治神学使命的同时也把自己变成世界的敌人。从本质上说,美国梦不是一个为世界准备的梦,而是一个为美国自己谋幸福的梦,一个把自己从世界分离出去的梦,一个分裂世界的梦。

二、欧洲梦

什么是欧洲梦呢?

在杰里米·里夫金看来,欧洲梦是一种新的历史观,根据这种历史观,以物质为基础的现代发展观本身即将受到修正。这是一个基于生活质量而非个人财富无限聚敛的"可持续性的文明"。所谓生活质量就是"实际生活条件"以及"公民个人的主观幸福感"如健康、社会关系、自然环境的质量等。可持续性的全球经济之目标则是：将人类的生产和消费与自然界的能力联系在一起，通过废品利用和资源的重新补充，不断再生产出高质量的生活。在这样一个可持续的、保持稳定的经济的状态下，重要的并非个人的物质积累，而是自我修养；并非聚敛物质财富，而是精神的提升；并非拓宽疆土，而是拓宽人类的同情（empathy）。总之，有生活质量的生活，大概是指一种普遍富裕、拥有社会安全而有品位的生活，它建立在以高水平的物质生产为基础的福利社会之上，因而免除了人们的衣食住行的后顾之忧，保证了人们的生活安全；同时也保证人们有充分的自由、时间和条件去追求各种丰富的精神生活。作为欧洲梦两大支柱的文化多元主义和全球生态意识将人性从物质主义的牢笼中解放出来，成就新的人性。

从欧洲梦来说，获得自由，意味着能够进入到与他人之间无数种彼此依赖的关系之中。一个人有途径进入越多的共同体，就有越多的选择权，关系带来包容性，包容性带来安全。欧洲梦强调的是共同体中的互相依赖而不是个体的绝对独立自主；强调文化多样性而不是相似性；强调生活质量而不是财富积累；强调可持续发展而不是无限制的物质增长；强调投入与享受并行而不是疯狂地苦干;强调普遍人权和自然权利而不是私有产权;强调全球合作而不是单边主义的权力滥用,总之,欧洲梦追求的不是拼命扩大财富而是去提高精神水平,不是追求扩大权力范围而是去扩大人类互相理解。欧洲梦被认为几乎是第二次启蒙,它要用新的"精神主义"(idealism)去纠正第一次启蒙所错误提倡的物质主义以及无限制的进步论(直线地、急速地、无限地求新)和绝对化了的个人主义。

具体说来,欧洲梦与美国梦有以下几点显著的不同:

(一)市场经济和网络经济的不同

为了进一步探讨以上两种不同的历史状态,以及它所产生的不同的思维方式与生存方式,杰里米·里夫金分析了作为两个阶段经济基础的市场经济和网络经济的不同。他认为在市场经济的范围内,共同利益的提高是通过每一个人追求自身利益的结果来实现;网络经济则是通过每一个人为他人做出贡献、实现更广泛的共同体的利益最大化,从而也提高个人的福利,这就是现在经常提到的互利、双赢。推而论之,市场基于对一己私利的追求,网络追求较大范围的共同利益;市场基于不信任,网络基于一定的信任;市场是保持距离的交易,网络保持较亲密的关系;市场通过和其他人在敌对性的市场框架里竞争以确保财产，网络则是通过归属（belonging）而非通过所有物（belongings）来确保财产，对网络经济来说，最重要的是路径（能进入某些关系）和归属，成功来源于共享的关系，而非孤立奋斗。总之，市场是竞争性的，网络有竞争，但也有一定的合作性。

（二）社会政治文化的不同

基于这样的不同，社会政治文化也起了相应的变化。照杰里米·里夫金的说法，在资本主义市场经济时代，斗争主要围绕着占有、分配资本及保护私人财产权利展开；民权、政治权利和社会权利都以各自的方式被设计为使财产利益增值，自由被定义为不依靠他人，只要有足够的财产，就可以为所欲为。而在全球化的网络时代，斗争是多元性的，更多围绕着保存文化身份以及在彼此依靠的世界里获得权利而展开；文化身份建立起将个人从外部世界区分开来的边界，同时又能够用以维护个人进入周边全球洪流的权利，获得自由就意味着更深地陷入与他人之间彼此依赖的关系网之中，这种关系越包容、越深入，一个人就越有可能实现自己的雄心。要想被包容进关系网就需要找到路径，有越多的路径，就越能进入到更多的关系之中，从而也体验着越多的自由。

（三）理论基础的不同

美国梦和欧洲梦有不同的理论基础。美国梦以洛克关于保护私有财产才是保护个人自由权利的第一基础为核心，这一理论在美国深得人心；而欧洲梦则以康德的人权思想作为哲学基础，而康德的永久和平理论在今天又进一步成为欧洲的政治理论基础。如果说欧洲和美国都把个人的绝对性看作是至高无上的原则，那么欧洲更重视的是精神个人主义，而美国推崇的是物质个人主义。这一差异虽然还不足以形成在政治现代性方面的重大差别，但决定了非常不同的日常生活风格和情趣，并及于关于环境的看法。

（四）历史原因的不同

美国梦和欧洲梦的不同还有其历史原因。第二次世界大战可以说是西方经验的一个分水岭，欧洲和美国由此获得完全不同的体验。欧洲体会到了疯狂的现代化发展所导致的毁灭之痛，从而走向和平主义、对话理性和合作策略，而美国体会了光荣与梦想、成功与辉煌、领导与主宰，从而强化了霸权主义、单边主义和竞争策略。可以说，欧洲从二战得到各种负面的经验，从而开始了对现代性的深刻反思，形成了后现代思潮。美国则从二战得到各种正面的经验，于是决心把现代性推向顶峰。尽管战后美国也出现了一些消极思潮，但与美国取得的惊人的物质和政治成功相比，显然缺乏社会影响力。

杰里米·里夫金用美国梦和欧洲梦来概括20世纪末至21世纪初发生的人类生活巨变，及其所带来的一系列思维方式与生存方式的嬗变，确实很能启发思考，虽然他所描述的美国梦是一种存在已久的历史状态，而欧洲梦却仍是一种想象中的或正在发生的历史趋势。杰里米·里夫金说这是一个"新的历史框架"，欧洲梦"终结了一种历史，但它又预告了另一种历史"。

总的说来，他相信美国梦不仅不能创造真正的好生活，而且只能带来昂贵的坏生活（昂贵生活不等于有质量的生活）。现在世界上大多数的人都意识到，美国式的现代化道路是世界资源以及世界人民所无法承担的，是世界消费不起的，美国本身就已经在对世界的过度剥削中预支了太多。杰里米·里夫金认为美国的单边主义将会越来越困难，越来越成为一个危险又缺乏效率的策略，甚至也不是对美国自己的有利的策略，因为全球化的过程同时也是个多中心化的过程，虽然很可能没有谁能够彻底动摇美国领导地位，但全球化正在形成全球性的利益共轭现象，单边的利益最大化变得不切实际，除了引起反抗和冲突，没有更多的积极意义。世界买不起美国梦，而且对于世界来说，美国梦未必是好梦，从这一点看，美国梦确实是过时了。

在我们看来，欧洲梦其实也是一个地区保护主义的梦，一个保护既得利益的策略，同样不是一个可以普遍化的世界梦想。欧洲梦一方面保护欧洲品质而试图抵挡同样发达的美国的坏的生活方式和价值观；另一方面又是为了保护欧洲福利制度和既得利益而试图抵制发展中国家的"坏的"竞争方式以及不公平地对待移民问题。

事实上，移民问题是对欧洲梦的根本考验。首先是欧洲不能没有移民，研究者们得出结论，欧洲将必须每年招募一百多万移民，才能相当于欧洲女性每人平均生育一个以上的孩子。仅仅是德国就必须在未来的三十年里每年迎来五十万年轻移民（这个数字相当于它的生育率的两倍），才能避免人口数量的巨大滑坡。不同文化体系之间人们的通婚提出了更复杂的问题。如果说在1960年的德国，只有1.3%的新生婴儿有外国父亲或母亲，那么，1994年，却有18.4%的新生婴儿有外国父亲、母亲或双亲，这种趋势今后还会有增无减。杰里米·里夫金认为，不同文化的婚姻虽然开启了不同文化间新的沟通渠道，弥合了某些文化鸿沟，但另一方面也加深了德国文化的衰亡感，并导致对外国人更加充满敌意的文化压制和报复。欧洲人发现自己在某种程度上处在一个左右为难的位置：要是未来数十年内没有移民洪流涌入，欧洲人将会老化，欧洲的经济计划将会衰退；但另一方面，移民潮又将威胁，甚至压垮已经十分紧张的政府福利预算和人们自身的文化认同感。杰里米·里夫金也不得不提出以下的问题：倘若移民们世代保持的原有文化的独特思维方式和生活方式不再存在，这些异族将如何生存？倘若移民不是靠对其所在国的忠忱和共同的意识形态，他们又靠什么与所在国的人们联合在一起？正在诞生的欧洲梦之成败很大程度上取决于当代欧洲人如何处理移民问题，以及他们如何真正实现多元文化共生的梦想。但移民问题能否向人们期待的方向发展却仍然在未定之天！

三、中国梦

如果说美国梦和欧洲梦各代表着一个历史阶段，那么中国梦是不是有可能代表一个新的历史时期呢？

杰里米·里夫金很重视在未来世界建构中中国的地位。他不是研究中国的专家，但他认同理查德·尼斯贝特（Richard

E. Nisbett)在《思维的版图》(*The Geography of Thought*)中所说的亚洲民族和国家或许比西方人更适合创造网络治理、跨国空间和全球意识。他引用汉学家,也是哲学家亨利·罗斯蒙特(Henry Rosemount)的话说,在儒家思想里,没有"我"能够孤立存在,或被抽象地思考;"我"是根据和其他具体个人的关系而扮演的各种角色的总和;而道家认为整体存在于相反力量之间的关系中,它们共同互相完善。杰里米·里夫金也同意尼斯贝特所说的,对关系的持续关注使亚洲人对感情更加敏感,如果说美国家长用一种"尔我对立"的思维方式,教育孩子从侵占、攫取和财产关系的角度进行思考,那么传统的亚洲家长则更注重感情和社会关系,他们帮助孩子与他人互动,协调自己的行为。同样,杰里米·里夫金认为由于整体化的倾向,亚洲人从来就强调人与自然的和谐。如果说西方启蒙主义科学的基础是重塑自然,以符合人类面貌,那么东方的方式则是抛弃人类可以操纵环境的想法,而重在根据环境的需要调整自身。总之,杰里米·里夫金承认中国传统思想更加关注的是和谐、完整和万物的相互影响而非只注意孤立的现象。

不仅如此,他还进一步探讨了中国的现状。他认为为了解决贫穷问题,邓小平把中国百年来的现代化梦想重新调整回到物质现代化的方向，提出"发展是硬道理"、"让一部分人先富起来"的战略转变；当贫穷问题初步缓解，问题又集中表现为贫富差距的悬殊，现代化的进一步发展就不能不是"和谐社会"的提出。杰里米·里夫金认为，从这二十余年来的进程中，可以看出中国现代化的梦想，是对西方经验的综合性重新创作，既借鉴了美国式的竞争，又试图借鉴欧洲式的平等，似乎是想把美国梦的一部分和欧洲梦的一部分结合起来。他期待拥有悠久历史文化的中国能为人类的世界梦想带来积极贡献，并对整个人类的未来产生深远影响。

其实，中国是一个多梦的国家。在中国传统文化中，最早的中国梦是老子的无为梦和孔子的大同梦。老子说："小国寡民，使有什佰之器而不用，使人重死而不远徙。虽有舟舆，无所乘之；虽有甲兵，无所陈之。使民复结绳而用之。甘其食，美其服，安其居，乐其俗，邻国相望，鸡狗之声相闻，民至老死，不相往来。"（《老子：道德经第八十章》）孔子说："大道之行也，天下为公。选贤与能（不传世），讲信修睦，故人不独亲其亲，不独子其子，使老有所终，壮有所用，幼有所长，矜寡孤独废疾者，皆有所养。男有分，女有归。货（财货），恶其弃于地也，不必藏于己；力，恶其不出于身也，不必为己。是故，谋闭而不兴，盗窃乱贼而不作，故外户而不闭，是谓大同（同，和也，平也）。"（《礼记·礼运》）这是一个和平（人与自然和世界的关系）、和睦（人与人之间的关系）、和谐（个人身心内外的关系）的梦，"和"是中国传统思想的核心。

然而，无论是老子的无为梦还是孔子的大同梦都未能造福于现代中国，以致中国日益贫弱。它必然被另一个百余年来的强国梦，即现代化之梦所代替。中国在构思"中国式的现代化之梦"时，往往希望能够综合世界各种现代化模式的优点，而且还特别希望能够综合中西文化的优点，避开纯粹西方资本主义的弊端。如果说西方（包括日本）现代化的条件是殖民地掠夺和绵延不绝的战争，那么中国的现代化必须在这两者之外去寻求。

社科院的赵汀阳教授对于中国的现代化之梦提出了一些很有意义的看法[1]，他认为为了追求这个现代化的强国梦，毛泽东以非凡的想象力构思了一个"最新最美"的纯洁之梦。毛泽东想象的理想社会是一个与所有以往社会模式"彻底决裂"的社会，是一个既不中也不西的绝对新社会，因此，他提出"一张白纸"最适合于画"最新最美的图画"，"一穷二白"正是

---

[1] 参阅赵汀阳《美国梦，欧洲梦和中国梦》，《跨文化对话》第18辑，南京：江苏人民出版社，2006年。

新的中国梦的起点。他认为一种全新的社会操作能够形成全新的经验，从而发展出全新的生活方式。"新社会"应该是扫除了一切社会都难以避免的所有丑恶现象的纯洁社会，毛泽东真的惊人地做到了这一点。解放初期全国在一定程度上消灭了黄、赌、毒，以及其他肮脏犯罪，新的社会秩序逐步建立，有的地方甚至达到夜不闭户、路不拾遗的境地。"新社会"在抛弃旧模式、欢迎新经验、探索新制度等方面，都是对新和"不断地新"有着无比的热情。毛泽东的纯洁梦想至今还鼓舞着中国老百姓和许多第三世界人民。

我们很难想象如果一直沿着《新民主主义论》和《论联合政府》的方向前行，这个纯洁之梦是否还会有发展的机缘，但是，由于种种原因，20世纪70年代末期的中国社会已濒于崩溃的边缘，邓小平不得不把中国现代化的梦想重新调整回到物质现代化的方向上来，提出了"发展是硬道理"。这一战略转变首先表现为"让一部分人先富起来"，使得国家经济有了极大发展，贫穷问题有了初步缓解。但是，问题又变成贫富差距的加深和三农问题。于是，现代化发展的梦想就进一步表现为追求均衡的可持续发展与和谐社会。其中可以看出中国现代化梦想对西方经验的综合性重新建构，既借鉴了美国式的物质竞争，又试图借鉴欧洲式的追求生活质量与平等，想把美国梦的一部分和欧洲梦的一部分结合起来，同时与中国几千年来的和谐梦想联系在一起。

总之，中国梦的核心是要建立一个既不同于西方也不同于中国古代的现代化的新中国，这是一个具有"新中国精神"的新中国。英国的撒切尔夫人曾经断言，中国不大可能成为一个世界强国，因为中国没有足以影响世界的、独立的思想体系。赵汀阳教授认为："如果中国的知识体系不能参与世界的知识体系的建构，而因此产生新的世界普遍知识体系，不能成为知识生产大国，那么，即使有了巨大的经济规模，即使是个物质生产大国，还将仍然是个小国。"赵汀阳教授分析说，我们现在能够用来思考各种事情的概念体系、话语体系和知识体系基本上都是西方所定义的，尤其是那些决定性的概念，比如人权、民主、自由、公正、真理，等等，主要是西方所定义的意义和所指，而这些西方所定义的概念本身就存在着许多难点，尤其不完全适合中国经验。新中国精神应该意味着我们必须以中国的方式为中国想象一个社会理念，一种生活理念，一套价值观，而且还需要想象一种中国关于世界的理念，因为中国必须成为一个为世界负起责任的大国。假如中国没有能够发展出一套概念体系、话语体系和知识体系，就不能以新的中国精神参与不断发展的世界文化的重新建构，这就是说，我们不可以仅仅满足于有地方特色的中国文化，更不能封闭于古代社会产生的传统文化之内，而必须对它重新诠释，寻求它在全球文化中所能做出的贡献。如果不具有世界性（worldness），中国梦就只能是一种自我玩赏。我十分认同他的观点。

根据他的思考，中国梦需要认真考虑这样几个问题："①什么样的思想／知识体系能够有效地思考当代世界的根本问题？显然，如果没有强大的思想能力，就不可能创造社会所需要的各种大观念，也就不可能有强大的文化和社会。这一点是中国很久以来比较忽视的。②什么样的社会制度能够使有德之人愿意生活在这个社会中？这要求有一个关于公正社会的设计。这是非常困难的设计，目前所知道的社会都达不到公正社会的标准，或者是对经济人和小人有利或者是对庸人和弱者有利，还从来没有一种对有德之人最有利的社会设计。③什么样的生活方式能够使人永远觉得生活有意义？这要求一个社会必须有利于发展高水平的精神生活，显然，物质生活的魅力是单调、简单和贫乏的，没有一个社会能够仅仅依靠高水平的物质生活去长期维持人们的生活意义和兴趣，人终究要过的是精神生活，只有精神生活才具有无限丰富发展的空间。这些问题是人类社会的根本问题，而目前世界上的各种梦想都还不能够很好地解决这些问题"①。历史证明，中国文化是一个具有强大思想能力的文化，中国文化对于精神生活的追求和将道德置于崇高地位，自古就有深远的传统。中国文化保留着极其巨大的空间，可以展开人与自然的和解，调节理性思维与精神信仰，物质追求与审美情趣，自然科学与人文关怀之间的断裂。如果这些中国文化固有的文化基因与现代诠释相结合，面向当代多元文化的世界，那么，代表一个新的历史阶段的新的中国梦一定会出现，并造福于全球。

如上所述，《欧洲梦》一书提出了许多富于前瞻性的深刻问题，正因为是前瞻，还尚未经过事实的检验，许多问题还不是定论，甚至也还不是目前所能提出方案加以解决的。但这本书高瞻远瞩，指出了问题的严重性和思考方向。更为难能可贵的是，一反过去西方中心主义的常态，杰里米·里夫金在展望未来社会时，始终将中国置于其视野的重要部位。他认为在许多方面，欧洲和中国都正在并肩作战。例如欧洲正努力在强调安全稳定的社会架构和重视独立企业精神的市场体制两者间寻找平衡；而在这两种体制之间达到平衡也恰恰是中国正在追求的目标，相似的努力也正在成为中国全国范围内热切讨论的话题。他认为贯穿在今天的两大精神潮流：

---

① 赵汀阳《美国梦，欧洲梦和中国梦》，《跨文化对话》，第18辑161页。

一是在一个日益物质化的世界里，寻找某种更高的个人使命的渴望；二是在一个逐渐疏离、冷淡的社会里，寻找某种共同体意识的需求，杰里米·里夫金认为这也是欧洲和中国的有识之士所共同追求的。在他看来，欧洲和中国都梦想着一个崭新的时代，在这个时代，每个人的权利都获得尊重，文化的差异受到欢迎，每个人都在地球可维持的范围内享受着高质量的生活（不是奢侈生活），而人类能够生活在安定与和谐之中。杰里米·里夫金认为，为了共存于一个日益联系紧密的世界，人类需要不断开发新的理念，在这点上，中国和欧洲会找到更多、更深层的共通之处。现在，随着美国梦在21世纪渐渐褪去其昔日的炫目光彩，世界正将它的目光投向了欧盟和中国。在杰里米·里夫金看来，尽管断言欧洲梦和觉醒中的中国梦结果会是怎样还为时尚早，但预言正在出现的欧洲梦和中国梦会对整个人类的未来产生深远影响则绝非言过其实！

杰里米·里夫金在《欧洲梦》出版时致中国读者的一封信中说："当我们垂垂老矣，回首一生之际，我们会清楚地意识到，生命中重要的时刻是那些与物质积累没有什么关联，却和我们对同胞的热爱，我们作为个体与人类的关联，与我们所居住的星球的关联息息相关的时刻！正在展开的欧洲梦试图开启一扇大门,通向有关生命意义本身的更重大的问题。作为生存于此世的人类,什么才是我们存在于21世纪真正的意义和目的?"这也正是今天我们每一个人应该向自己提出,并力图找到回答的问题。

复杂性思维简论

莫兰（Edgar Morin）2011年初发表了他的集大成的新著《道——走向人类的未来》[①]，结合当代生活环境的恶化和危机试图引导现代人走出现代性的精神桎梏，以人性的自然本质享受生活自由之美，创建一个适应于复杂性环境，并使具有复杂性思维的现代人能发挥其才智的新社会。莫兰的哲学家兼社会学家和政治学家的三重身份，使他的复杂性思想也具有哲学、社会学和政治学的综合性质，而且，由于他一贯主张多学科开放式研究，也使他的复杂性思想既有综合性，又有具体

[①] ［法］埃德加·莫兰，法国当代著名思想家、法国社会科学院名誉研究员、法国教育部顾问。以人类学、社会学、历史学和哲学等方面的渊博知识和深邃思想质疑西方割裂、简约各门学科的传统思维模式，创造"复杂思维范式"，以期弥补各学科相互隔离、知识日益破碎化的弊端，在欧洲、南美洲都产生了强烈反响。著有《道——走向人类的未来》《反思欧洲／法国思想家新论》《迷失的范式：人性研究》《复杂性理论与教育问题》《方法：天然之天性》《方法：思想观念》《复杂性思维导论》等。

性；既有网络性，又有纵深性；在阐述和应用两方面都表现出难以简单概括的特征，同时又包含着潜在待发的生命的性质。

我认为莫兰的复杂性思维对于当今的跨文化对话方法论具有十分深远的意义，有助于我们从一个崭新的视野，用一种不同的思维方式来重新审视我们的生活和文学。莫兰的复杂性思维博大精深，我并无深入研究，本文只是就我接触所及，联系到平日对比较文学和世界文学的思考，将引发出来的思想片段连缀于此。

一、我所理解的莫兰复杂性思维的着重点

莫兰认为，现代化以来的短短五百年间，人类急速破坏了成亿年累积沉淀而成的自然界财富，捣毁了人类的生活环境，在思维和实践过程中，把本来密不可分的主客双方区分开来，按照主体的利益和意愿，将客体纳入从属地位，导致严重的生态危机和人类精神危机。当前的迫切任务就是要彻底打破长期以来传统的二元对立思维模式及其影响，通过把外界与人的精神世界相互结合和相互转化的途径，彻底解放全人类的自由创造精神。如何结合和转化呢？关键就在于反拨笛卡尔式的以分离（分类）和化简（通约）为特征的方法，而代之以联结

和复杂化。莫兰说:"复杂性的词源是complexus,由com和plexus两部分组成,前者意思是'共在地交织在一起',后者则指'错综复杂地交错起来'"。正如布迪厄(P.Bourdieu)所说:"思想、行为和世界,既共时地向内外双向转化,又以同样方式把过去、现在和未来,从传统时间概念中的单向单线结构,变成为多向多维度的转变可能性。"①

在这个基础上,莫兰提出必须充分考虑到"宏观的物质能量"、"生命体的物质能量"及"生命体的心理能量"三者之间的"三极交错,循环生成"的可能性。鼓励人们在对现代性进行反思的基础上,在清算启蒙以来的理性主义和经验主义危害的同时,自觉地运用复杂性思维的方法,使自己首先成为自身生命及周围生活环境的主人,并对世界和生命的未来给予实际的和有效的关切,在自身实践可及的范围内,发挥每个人的潜能及智慧,监督和影响自己和社会及文化的发展。

为贯彻、落实、发展复杂性思维,莫兰完成了长达六大卷的《方法论》巨著②。提倡穿插游动、不断变化,既从历史经

---

① [法]布迪厄,Raison Pratiques. Sur la theorie de l'action. Paris: Seuil. 1994: 22. 转引自高宣扬《论莫兰的复杂性思想之"道"》,参阅《跨文化对话》第29辑《关于复杂性思维的讨论》专栏。

② 《方法论》中的四种已译成汉文,包括《迷失的范式:人性研究》《复杂思想:自觉的科学》《方法:天然之天性》《方法:思想观念》,北京:北京大学出版社,2002年。

验教训，又从现实结构及其运作逻辑，并从未来的各种可能倾向，进行揭露和分析。莫兰的六大卷《方法论》创建了一种立足于世界的混乱关系基础上的"自我组织"概念。他认为每个人都赋有多重生命，并生活在多种生命体之中：他自身的生命、他人的生命、他所处的社会的生命、人类的生命以及宇宙的生命……每个人都是为了在其生命中维护过去，生活在现在，又为使未来具有生命而活着。因此，认识的过程并非单纯的逻辑程序，更不是主客二元对立统一的分析结果，而是个人、集体性和社会性的认识组织过程，是发掘人类心智中的极其复杂的创造活动的混乱不定的轨迹，探讨与人类语言应用、思想创造和意志感情密切相关的复杂性逻辑。在伦理学方面，莫兰指出传统的伦理学只是强迫性地要求顺从于建立在"善/恶"、"正义/非正义"的二元对立框架基础上的道德原则，而复杂性思维的伦理原则却认为善可以包含一种恶，同样地，恶也可以包含一种善；正义与非正义亦然。

总之，莫兰主张走出人本逻辑中心主义（Anthropologocentrisme）、单维主义（Unidimensionnisme）、单向发展论、进步主义、主客真假善恶美丑二元对立、技术主义、语言中心主义、功利主义、经济决定论以及规则秩序崇拜等传统思想定式，尝试以非定则、无中心、非线性、非平衡、混沌、模糊、不确定、分岔、无限区分化的模式，面对自然界和社会，跳出犹太／基督教式的时间循环论和救世论的框架，把过去、现在、未来混合在无参照系统的游戏活动中，漫游在充满审美乐趣的创造活动里。莫兰的复杂性思维及其对方法论的开拓对于理解当今我们的时代和处境有着深刻的启示。①

二、复杂性思维引发的有关世界文学的思考

我们今天所面临的许多问题都与复杂性思维密切相关。在现今的互联网时代，最根本的要务就是从全球历史和全球地理的角度统一考量，促使不同文明间的和平共处与相互认可成为现实。世界文学和世界哲学所追寻的目标，都是沿着20世纪末解构理论掀起的强大的文学和哲学运动的轨迹，力求对世界进行知识重构，实现我们所面临的"空间性转变"，建立起一个与这种转变相契合的网络。实现这一目标，必然遇到很多难于解决的问题，这些问题也是过去在比较文学和世界文学领域的讨论中经常触及的。我想举两个例子。

首先是文化汇通的未来。在我们所处的时代，不同文化的

---

① 高宣扬《论莫兰的复杂性思想之"道"》，参阅《跨文化对话》第29辑《关于复杂性思维的讨论》专栏。

接触碰撞不可避免。在这个过程中，不同文化是否会被熔炼成一炉同质的合金失去自己原有的生态？抑或由于文化之间完全不能通约，不能相容而导致文明冲突乃至分崩离析？20世纪殖民体系瓦解后，一部分新独立国家的人民急于构建自己的身份认同，强调了不同文化之间的差异，以抵制某些强势文化以普世价值为旗帜覆盖其他各族文化的企图，这是完全必要的；但是也有一些国家片面强调不同文化之间的绝对差异，强调不可通约性。既无共同点，又不可通约，这就否定了对话和沟通的可能。那么，文化怎样才能沟通，或者不同文化之间是否真的不可通约呢？另一方面，在全球化的语境中，不同文化的频繁接触交融，相互渗透会不会使世界文化的差异逐渐缩小，甚至因混同、融合而消失其特点呢？这不仅是比较文学的问题也是整个文学研究的问题，甚至也是全人类面临的问题。这些问题一直使我深感困惑。

按照复杂性思维原则，任何文化都不是单一存在的，从共时性来说，它必与其他多种文化"共在地交织在一起"；从历时性来说，它又必然与过去的历史、现实的考量、未来的预期"错综复杂地交错起来"，任何文化及个人都是"宏观的物质能量"、"生命体的物质能量"及"生命体的心理能量"三者之间的"三极交错循环生成"。这种交织和交错对任何文化的发展和生存来说，都有其普适性，正如约翰·邓恩（John Donne）所说，不用再打听丧钟为谁而鸣："它就是为你而鸣，谁都不是一座岛屿，自成一体；每个人都是那广袤大陆的一部分"。从复杂性思维来看，普适性和差异性，可通约性和不可通约性都是可以同时并存、互相渗透、互相转化、共同发展的。

那么，在全球化时代日益频密的交织和交错中，本土文化怎样才能保持其纯粹性或所谓的原汁原味呢？如何避免文化同质化的倾向，从而保存数千年形成的多样文化生态和独特的文化基因呢？

2015年10月在布鲁塞尔举办的欧中高层文化论坛，参加者曾忧心忡忡地指出，不断加快的信息流动、不断增多的跨文化交际方式以及新意识范畴和身份范畴的出现，不能不引发世界范围内的文化同质化现象。如恩伯特·埃柯（Umberto Eco）所说："全球化生产出提高个人生活水平的新要求和新欲望，生产出采用新的科技手段和实践方法的新需求，也生产出了参与一种世界文化或适应一种新形式的单一文化的新需求，在这种单一文化中，不同人群之间将不再有任何差异，无论是他们的生活方式、音乐、服装，还是其他那些一直以来构成单一文化特点的特征——同时，在广泛使用媒介语的压力下，世界上现存的4000种或5000种语言中的大多数将会消失。"①但恩伯特·埃柯同时认为,这种表面的一体化不过是一种"肤浅的伪全球化",它遮蔽了更深层的文化差异和文化杂交。深层的文化差异是不大可能消融的。他指出人类学家列维-斯特劳斯和波若斯人(Bororos)住在一起很多年,但他终归无法融入他们的文化,最后还是回到欧洲;在意大利的普拉托(Prato)小城,中国人和中国人一起生活,波多黎各人和波多黎各人一起生活,传统的犹太人与传统的犹太人一起生活,当他们要越过他们的区域界限时,他们都可以讲一些英语,但他们却保留了他们自己的语言、传统、食物和信仰,这仍然是一个未融合的熔炉(an unmelted pot)。又如在世界各地都有中餐馆,它们通过文化杂交生产出不同地区的西式中国菜,这类中国菜与地道的中国菜不同,但不能否认这是一种创新,有很多西方人更喜欢它。事实上,各地区新创的中国菜与原汁原味的地道中国菜正在齐头并进,各自发展。如果没有这种深层的文化差异,也没有文化杂交,文化就难于更新。如果说浅层的文化融合现象只是混同而不能产生新质,那么,深层的文化差异和文化杂交却不断促使新质的出现。

事实上,我们的世界就是文化融合、文化杂交与深层文

---

① 恩伯特·埃柯《裂缝、熔炉,一种新的游戏》,《跨文化对话》第28辑。

化差异同时并存，互相交错，变幻莫测。这里存在着非常复杂的可能性，按照莫兰的说法，这种可能性可以分为三层：①"可能"，②"能够实现的可能"，③"能够使之实现的可能（因希望而变得鲜活的将来）"。在维护文化多元生态，避免文化同质化的过程中，发挥人的主观能动性，使某种可能成为"因希望而变得鲜活的将来"是十分重要的。恩伯特·埃柯强调说，在一个全球化的世界中，对多元文化理解能力的培养非常重要，应当在国家的政治议程上占据重要位置，特别是教育应该从一开始就建立在多样性的对视之上，这是一个全球化了的世界在开创未来，培养后代方面必须承担的必不可少的任务。意大利罗马大学的尼兹（Armando Gnisci）教授在他2011年的《跨文化宣言》[①]中更是进一步提出"跨文化行动"（transculturation）应通过人与人之间、性别与代际之间、不同文化之间、人类与非人类之间、所有生命以及我们共同居住的星球与宇宙之间的良性互动来实现。在这方面要做的第一步就是清算和抛弃现代欧洲中心主义思想的僵化内核，即某部分人自以为是高举优越文明之火炬的民族的思想，其实这正是欧洲人未能完成自身的去殖民化过程的结果，这些人仍然认为

---

① ［意］阿尔蒙多·尼兹于2011年5月16日在罗马发表的演说，见《跨文化对话》第29辑。

欧洲人曾经是、现在还是殖民者和主人。对欧洲人提出去殖民化这一要求的是20世纪两位伟大的知识分子：法国人让-保罗·萨特，和来自马提尼克群岛的弗朗茨·法农。另一方面，尼兹又指出，很多新独立的民族国家建立起来了，但在精神上依然处在被殖民状态。也就是说，它们在精神上，或者无意识中会依赖过去的殖民文化价值观，而较少发掘自身传统文化的固有价值，没能在这个基础上与他种文化对话，使传统文化现代化，以致自身的文化仍然被他人所操纵。尼兹认为，欧洲人应该学会教育他们自己，学会和那些移民以及那些正在被他们的探索发现置于灭绝之路上的世界上的所有文化一起挽救他们自己。这一切绝不意味着放弃欧洲人身份或者逃避他们的历史责任，而是证明他们决定对自己进行再教育，以便能够清楚地认识到21世纪给他们提供了在欧洲再造一个新大陆的无与伦比的机遇。只有这样，才能和那些移居欧洲的众多人群一起，在一个有待共同建设的新的跨文化共同体中，寻求一种更公正、更健康的生活。

　　从这样的思考角度出发，文学被赋予了前所未有的新的重要性和独特性，因为文学本来就是造就新的人生观和世界观的最佳途径，特别是通过网络提供的方便，文学使最迅速、最自由、最随意的精神和心灵交往成为可能。同时，以沟通人类心灵为己任并特别致力于一方面促进人类文化的交织与交错，另一方面保护不同文化原生态的比较文学与世界文学，其重要性就更被提升到空前的高度而具有更加重大的意义。

其次是关于对话的问题。对话是比较文学和世界文学，也是一切文化交流的根本途径。对话必然包括自我与他者两方面，这两者之间有着极其复杂的关系。他者既然是我所不是，就应该首先关注其相异性本身。只有充分显示这种面对面的相异性，他者才有可能成为可以反观自我的参照系。然而，只强调相异性，又往往会各不相干，难于达到理解和沟通的目的；不强调相异性，又会牺牲一方的特色而使他者和自我趋同，折中调和，了无新意。应该如何处理这个悖论呢？平等对话的首要条件是要有双方都能理解和接受，可以达成沟通的话语。目前，发展中国家所面临的，正是多年来发达世界以其雄厚的政治经济实力为后盾所形成的，在某种程度上已达成广泛认同的一整套行之有效的概念体系。这套话语经过数百年积累，汇集了千百万智者对于人类各种问题的思考，并在与不同文化的交往中得到了丰富和发展。抛弃这种话语，生活将难以继续；然而，只用这套话语及其所构成的模式去诠释和截取不同文化，那么，大量最具本土特色和独创性的、活的文化就会因不能符合这套模式而被摒除在外，果真如此，所谓对话就只能是同一文化的独白，无非补充了一些异域资料而已，并不能形成真正互动的对话。如何才能建构一套真正有利于平等对话而有所创造的新的话语呢？

复杂性思维为解决以上问题提供了新的视角。莫兰把一切都看成多维的自组织。一个人同时体验着家庭、氏族、种群、民族、政治、哲学、宗教的多种归属，这就在个人精神的内部建立起对话的可能。这些归属之间的任何冲突都可能与外在的他者构成争论的源泉、问题、内部危机，正因为如此，人与人之间、文化与文化之间的沟通或误解才成为可能；复杂性思维把对话看成一种二重逻辑，认为自我和他者之间的关系既是互补的，不定的，又是竞争对抗的，但它们始终是一个整体，如果不再是一个整体，对话就会进裂，不复存在。"'二重逻辑'代表着两种逻辑、两种原则，它们统一在一个整体中，其二元性不会在这种统一性中丧失。这就是莫兰所说的'既一又二'（unidualité）的概念。"进行对话时，"应该以两重性逻辑的方式通过宏大概念来进行思考，以互补的方式把可能是对立的概念联结起来"。[1]因此，对话的结果就不是过去我们所想的，是一方说服一方，压倒一方，或二者合一，即所谓统一

---

[1] ［法］埃德加·莫兰《复杂思想：自觉的科学》，陈一壮译，北京：北京大学出版社，2001年，第149页。

思想，恰恰相反，是两方思想都得到发扬而产生新的思想，达到新的境界。正如莫兰常引用的帕斯卡尔所言："一个真理的对立面不是谬误，而是一个相反的真理。"在莫兰看来，这种能够允许对立二项同时存在、同样有效的逻辑就是"对话／二重逻辑"，它可以看作是对古典逻辑的"复杂的使用方式"。这样，对于自我和他者就有了全新的认识，上面谈到的话语问题也就迎刃而解了。因为二者之间的交往并不需要共同的话语，并不需要以一种话语模式去套用或割裂另一种话语模式，而是要尝试以完全不同的方式去理解完全不同的对象，从而激发出新的、认识的火花。

莫兰将这种自我与他者对话的原理进一步扩展为更广阔的文化对话。他在《方法．思想观念》一书中专有一节，讨论文化对话。他指出文化对话的首要条件是观点的多元性、多样性。任何社会中的人在基因、智力、心理情感等方面都具有极大的多样性，能够形成非常多样的认识，但这种多样性往往被相对固定的文化成规所禁制而得不到表现和发挥，只有在允许不同意见接触、沟通和辩论的对话中，这种多样性才能得到表达。因此，文化对话的首要条件就是承认并鼓励观点的多元性和多样性。只有空间方面与其他文化相接触，时间方面与过去的思想接触，才会促进思想的交流和文化的发展（例如，文艺复兴正是在与古希腊思想的重新接触中产生的）。思想交流可以削弱教条主义和不宽容性，这种削弱反过来又可以促进思想交流。真正的文化交流允许竞赛、竞争、对抗，即允许思想观念和世界观的冲突，但这种冲突要靠一种规则来控制。这种规则把冲突维持在对话的层面，避免出现肉体争斗或军事战争的过激行为，这样的过激行为在宗教论战中时有发生。对话的规则在公元前5世纪的雅典就已建立，它同时也使哲学得以建立。从这时起，辩论成为想象、论证、求证的兴奋剂。在这种背景中，经验理性和假设精神协同发展，为科学认识创造了初步条件，也就是为思想的碰撞造成一个湍流区，在文化规训中打开了一个缺口。这种碰撞可以引起质询、不满、怀疑、质疑、探索，允许和促使异己声音或他者逻辑的表达，同时又不会导致对另一种逻辑的压制，乃至消灭；如果消灭了另一种逻辑，异常思想便失去了产生的可能。可惜雅典学园所开创的这种对话精神被后来的宗教独白所扼杀。由此可见，对话必须维持一个文化范围，在这个范围内，各种学说不再强制推行自己的真理，而是有选择地同意接受与自己不同，甚至反对自己的真理，这种接受又反过来维持对话。这样就形成了一个比较宽广、宽松和宽容的允许范围，在这个范围内，规范变得宽松了，那些非主流或边缘的思想就可能得到表达的机会，并使潜在的异常思想现实化。这样就形成了一个圆环，在这个圆环中，文化成规的宽松程度本身也会因异常思想的增加而增加，异常思想又因此而得到发展。[①]总之，莫兰认为人类应该努力赋予每一种文明以其自身方式揭示人性本质追求的合法权利，并承认所有文明都同样也渴求真理和世界性，只不过这种真理和世界性是以不同文明的特殊形式来加以表现。他认为各种文化的沟通和相互理解并不是以减少其锋芒，彼此自我抑制为代价而换来和平，换句话说，解决之道并不是在妥协而是在理解里寻得。基于这种认识，对话的基本目的应是理解和尊重"在他者的自身文化多样性"中的他者，而绝不是将其抽离原有的文化语境而加以扭曲、同化，甚至使之湮灭。任何文化都可以超越自己，为其他文化提供新的思考和可能，对话的目的就是使这种思考和可能发挥到极致，将人类文化推向前进。

在这个过程中，莫兰认为文学起着很大作用。他曾提到鲁思·本尼迪克特（Ruth Benedict）在《文化模式》一书中所提到的，我们要理解一个文明，就需要研究其"情感与知识的动力源"。而对这种动力源最好的研究又莫过于对其文学和哲学表述的研究，因为文学理论比之于政治学和经济学更适合

---

① ［法］埃德加·莫兰《方法：思想观念》，秦海鹰译，北京：北京大学出版社，2002年，第21—22页。

于用来选取促进现今世界各国之间相互理解、相互友好的方略。莫兰指出:"自19世纪以来,小说充满了个人生活的全部复杂性,包括最平常的生活。小说使我们看到,一个最最普通的人也有着多种生活,也会扮演多种角色,他生活在一部分由幻想、一部分由行动组成的存在中。主体与他人的关系的复杂性,'自我'的种种不稳定性,在陀思妥耶夫斯基那里得到了最有力的说明。"① 他还提到虽然他"对中国文学的认识几乎是零",但在阅读中国的《水浒传》时,他"感到精神上一种高度的满足","我一边读,一边不停地思量:'他们与我们多么相似'!'他们与我们多么不同'!"正是这种"多样性中的统一性,和这种统一性中的多样性构成了人类精神的财富。它认证了我们的地球公民籍,同时又包含着我们各自民族的公民籍而不使之变性"。② 可见复杂性思维对于今天的跨文化研究、比较文学和世界文学研究都具有多么不可忽视的重大的意义。

---

① [法]埃德加·莫兰,La tête bien faite,Seuil,1999,p.47.转引自秦海鹰《对话,或二重逻辑》,见《跨文化对话》第29辑。
② [法]埃德加·莫兰《总序:东方和西方的交融》,见《跨文化对话》第29辑,第1—3页。

三、遥远的共鸣

在比较文学和世界文学的研究中,复杂性思维给我们提供了一种新的思路,既不是有实证关系的影响研究,又不是同中求异、异中求同的平行研究,而是一种遥远的启悟和共鸣。早在1999年,当北京大学出版社准备出版"埃德加·莫兰著作译丛"时,莫兰就在为中文版所写的《总序:东方和西方的交融》中谈到他与中国思想传统的共鸣。他说:"我对中国思想的了解是非常片面的,得自于对翻译著作的阅读。我自己的思想方式是受西方少数派的思想传统滋养的,这个思想传统由赫拉克利特、尼古拉·德·库萨、帕斯卡、黑格尔、马克思等思想家所标志着。但是我感到我的思想方式与中国传统所固有的深刻的思想方式处于共鸣之中。"莫兰认为这种共鸣首先表现为两种不同文化并未深入接触却存在相通的启发和同样的表述。莫兰举例说,"我认为从复杂方法中可以归结出的两个基本原则——两重性逻辑(dialogique)的原则和回归环路的原则——都可以在中国找到它们以其他词语所做的同样的表述。因此表明对立的原则和概念是以不可分离的方式互补地联系着的,而且它们在这种互补联系中仍保持着彼此对立性的两重性逻辑的原则。（两重性逻辑的原则和回归环路的原则）实质上不仅可以看作是对黑格尔辩证法的一种修正性的发展，而且可以看作是对从老子到方以智的中国思想家的一个关键思想的现代、西方式的表述"，这就是莫兰所说的共鸣。以下举几个例子。

莫兰重视整个世界的混杂性和模糊性。他把整个世界当成一个不确定的混沌系统（un système incertain du chaos），严厉批评了各种的现代系统理论和控制论，他指出"正是真理救世论（Vérité-Messie）所占据的中心地位，造成人类最疯狂和最恐怖的行动"。面对这种具有强烈欺骗性和蛊惑性的认识逻辑和思维模式，莫兰主张首先将世界看成模糊的复杂混沌过程，他说，我们自己生活在复杂的混沌世界中，我们自己也是这个复杂的混沌世界的一部分。因此，我们不是要尽力避免混沌和复杂，而是要设法介入和熟悉它们，甚至使我们自己，特别是我们的思维方式和行动方式，符合复杂性原则。在这种情况下，不是要掌握秩序、规律或一成不变的模式，而是竭力发现偶然性、机遇性、变动性、多样性和多种可能性；不是追求可用于功利的真理体系，而是学会随时随地灵活机动地思想和行动。所谓思想和行动的熵和环保的双重原则，就是一方面意识到一切思想和行动，免不了要衰变、蜕化、腐败、减缓、消亡，另一方面又存在通过交往和沟通途径而实现的自我更新、重构、复兴、新生的多种可能性。因此，通过熵和环保的双重原则，我们清醒地意识到自身的衰落和颓变的不可逆转的趋势，又同时有意识地训练自己重返生命的新陈代谢运动中，通过交往和沟通，吸取他人和外在环境的活力因素，继续进行自我更新和自我生产。这就是立足于世界的混乱关系基础之上的自我组织概念。

中国传统哲学与此有很多共鸣的地方。中国道家哲学强调一切事物的意义并非一成不变，也不一定有预定的答案。答案和意义形成于千变万化的互动关系和不确定的无穷可能性之中。由于某种机缘，多种可能性中的一种变成了现实，莫兰所说的自我组织概念也就显现出来。这就是老子说的"有物混成"，一切事物都是从这个无形无象的混沌之中产生出来的，这就是"有生于无"。有的最后结局又是"复归于无物"。无物是"无状之状，无物之象"，这无物、无状并不是真的无物、无状，因为"道之为物，惟恍惟惚。惚兮恍兮，其中有象；恍兮惚兮，其中有物"。这象和物都存在于无中，都还不是"实有"，它只是一种在酝酿中的无形无象的、不确定的、尚未成形的某种可能性，它尚不存在而又确实有，是一种"不存在而有"，只有通过一种自组织的过程，无才能成为有。这就是"天下万物生于有，有生于无"的道理。因此，最重要的就不是拘泥于人们以为是"已定的"，其实在现实中未能完全预见的"确定性"，而是去研究当下的、即时的、能有效解决问题的、从现实当中涌现出来的各种可能性，也就是"不确定性"。这样一些思想可以说与莫兰的复杂性思维正是相得益彰，这就是一种共鸣。

再如莫兰所倡导的对话／二重逻辑与中国的阴阳观念也存在着一种共鸣的可能。对话／二重逻辑与黑格尔的辩证逻辑不完全相同，最大的不同就是，在黑格尔那里，矛盾在一个更高的统一体中被化解，被超越，被取消。而在对话／二重逻辑中，对立因素始终存在，并且是复杂实体或复杂现象的构成性因素。"两重性逻辑的原则使我们能够在统一性的内部保持二元性。它联结了两个既对立又互补的项目。"莫兰把他的"对话／二重逻辑"原则类比为中国道家思想所说的阴阳互补。因为他想说明的对立的二项不仅是互补的，而且是互相包含的。在《方法》第五卷中，他直接借用"阴阳"这个汉语词。他说："人是两极化的存在，处在疯人和智人之间，不仅如此，疯人中有智人，智人中有疯人，以阴阳的方式，一个包含另一个。"在这一卷中，"阴阳"也被列入最后的术语索引："阴阳［Yin Yang］：在中国思想中，指两种基本原理的二元一体性。阳和阴（明／暗、动／静、天／地、阳性／阴性），它们既相互对立，又相互补充，相互滋养。阳中有少许的阴，阴中有少许的阳。"① 莫兰对于"阴阳"的借用，显然也是一种共鸣。

在《总序》中，莫兰说："当我为我的主要著作《方法》一书的总导言做结语时，我引用了《道德经》中称呼'道'所用的'谷神'一词以宣扬'道'的'吸纳百川'的精神，这难道纯属偶然吗？当我从旨在把分离的东西联系起来的'复杂性原则'出发来定义'方法'一词时，我讲到在西方语言中该词的最初含义意味着'行进'，同时我又一次提及东方的'道'——具有'道路'的意思并是统一阴和阳的原则，这难道纯属偶然吗？" 莫兰没有直接对上述提问给出答案，但明确地隐含着他是从中国文化受到启发，引起共鸣。其实这种现象并非绝无仅有，德国的莱布尼兹、法国的伏尔泰、意大利的庞德等人都曾从中国文化获得启发和灵感，中国文化曾拨动他们心灵的琴弦，为他们的学术和创作开辟了新的视野，但他们都不是汉学家，对中国文化也谈不上深刻系统的理解，甚至完

---

① ［法］埃德加·莫兰, L'humanité de l'humanité : L'identité humaine, Seuil, 2001, p.281. 转引自秦海鹰《对话，或二重逻辑》，见《跨文化对话》第29辑。

全不懂汉语。这种在文化接触中产生的神秘现象可能就是莫兰所说的共鸣,可能也就是《文心雕龙》所说的"秘响旁通"。在世界文学广阔的领域中,以比较文学的方法深入研究这种现象,应是21世纪最有潜力的重要课题。

当代中国比较文学发展中的几个问题

改革开放30年来中国比较文学取得了极大的进展。关于这个问题已有许多总结性思考。这里仅想谈谈我所感到的当代中国比较文学发展中的几个问题。

一、开展跨文化对话的紧迫性

当代比较文学就是跨文化、跨学科的文学研究。这一看法已得到国内外学者的广泛认同。最近，我们高兴地看到曾宣告"比较文学作为一门学科气数已尽"的英国学者巴斯耐特又重新宣告："比较文学未来发展之道"，就"在于放弃以任何规定性的方法来限定研究的对象，而聚焦于最广泛意义上的文学观念，承认文学流传所带来的必然的相互联系"。其具体途径就是"放弃对术语和定义的毫无意义的争辩，更加有效地聚焦于对文本本身的研究，勾勒跨文化、跨时空边界的书写史和阅读史"。①我们欢迎这样的改变，这说明欧洲学者与中国学者对比较文学这一研究领域的看法越来越接近了。

最近，我们特别感到作为比较文学根基的全球跨文化对话的进行比任何时候都更加紧迫。因为：

第一，全球互联网、移动通信使人与人之间的紧密沟通成为可能。转基因、干细胞、克隆等生物工程技术使生命可能通过人为的手段复制、改写、优选。而纳米技术使人类能够实现对微观世界的有效控制。这些革命性的新知识、新技术贯穿到人类生活的每一细节，导致人类对时间和空间都有了和过去根本不同的看法，也导致了对地球资源的空前消耗和争夺。人类所面对的现实，不是对抗，就是对话。对抗引向战争和毁灭，对话引向和平。

第二，20世纪的两次世界大战给人类留下的惨痛记忆，德国的反犹太法西斯集中营、俄国的古拉格群岛、日本的侵华罪行、"文化大革命"等残酷经验都要求我们对20世纪经验进行反思，重新定义人类状况，重新考虑人类的生存意义和生存方式。这种重新定义只能在全世界各民族的对话中进行。

---

① ［英］巴斯耐特·苏珊《21世纪比较文学反思》，黄德先译，《中国比较文学》，2006年。

第三，文化冲突越来越严重地影响着全球人类的未来。文化霸权主义和由文化封闭主义发展而来的文化原教旨主义的尖锐对立已经使全球处于动荡不安的全面战争的前夜。要制止这种冲突，不能通过暴力，只能通过对话。

第四，哲学的转向。20世纪前后，现象学和以怀特海为代表的过程哲学相继扭转了主体和客体可以互不参与的二元对立的倾向，使西方哲学进入了一个主体与客体互动的新阶段。中国传统哲学从来强调客观世界与主体不可分离。但由于强调合一，缺少将客体充分对象化而产生了众多缺陷。今天，西方哲学与中国哲学互为他者，重新反观自己，通过对话而生成进一步的互识、互证和互补并将其推延至全球，必将是人类相互理解，构建和谐社会，造就人类新的世界观和人生观的起点。

二、跨文化对话的矛盾和难点

对话并不只是为感情和兴趣，它首先是为了能共同生存下去，能解决共同遭遇的挑战和难题，这样的对话必然生成新的思想和新的举措。进行这样的生成性对话不能不碰到以下的矛盾和难点：

第一，普适性和差异性的关系。

中国古话说:"物之不齐,物之情也",可以说,没有差异就不成为世界。但是差异在世界上并非各不相干,而是由普世性联结在一起。20世纪殖民体系瓦解后,一部分新独立国家的人民急于构建自己的身份认同,强调了不同文化之间的差异,以抵制某些强势文化以普世价值为旗帜覆盖其他各族文化的企图,这是完全必要的;但是也有一些国家坚持不与外界沟通,片面强调不同文化之间的绝对差异,即不可通约性。既无共同点,又不可通约,这就否定了对话和沟通的可能,最后演变为封闭停滞的文化原教旨主义。

那么,文化的普世价值,文化交往中的普世性,也就是同的因素究竟是否存在,或者说占一个什么地位呢?

中国哲学早就强调"易有三义——变易、不易和易简"[①]。变易就是指因时、因地而变的特殊性,不易则是指不依时、地而变的普世性。黑格尔在《逻辑学》第118节中关于同—异的思考对我们很有启发,他的意思是:如果坚持不可通约性,只谈相异而无视相同,则一切人文活动(例如宣讲相异性理论本身)就都失去了意义。因为没有相通之处,就没有接受的可

---

① 《周易正义卷首》引郑玄云:"易一名而含三义:易简,一也;变易,二也,不易,三也"。见《十三经注疏·周易正义》,北京:北京大学出版社,1999年,第5页。

能。事实上，没有共同的目标，就没有对话的必要和可能。21世纪的生态危机、能源危机、道德危机、文化冲突危机……正是这一系列共同危机迫使我们必须共同协商面对，这才有了文化对话、文学对话的迫切需要。

俄国思想家别林斯基在其《文学的幻想》一文中说得最清楚。他说："只有遵循不同的道路，人类才能够达到共同的目标；只有通过各自独特的生活，每一个民族才能够对共同的宝库提出自己的一份贡献。"事实上，没有共同的目标（普世价值）就没有对话的必要和可能；没有各自独特的生活，也就没有了对话的内容，无话可对。

事实上，普世性寓于差异性之中，正是有了差异性，普世性才有意义，反之亦然。只强调差异，把差异变成了各个互不相干的孤立存在，而排除了作为差异之间对话、沟通、互补的共同基础，结果只能是既取消了普世性又取消了差异性。中国古代提出的"和而不同"的精髓首先是强调一种动态的发展。西周末年（约公元前7世纪），伯阳父（史伯）同郑桓公谈论当年政局时，曾对"和实生物，同则不继"的思想做了较详尽的解释。他说："以他平他谓之和，故能丰长而物归之。若以同裨同，尽乃弃矣。"作为和的定义的"以他平他"是什么意思呢？平，古代与辨、辩通假，意谓辨别、品评。唐代称宰相为平章，就是指对事物辨别、品评，并加以抑扬的人。因此，"以他平他"就是不同事物在突显和消长中，互相比评，互相超越而达到新的境界。这种"以他平他"，而能使物丰长的对话不是各说各话，也不是一方压倒另一方，而是一种能产生新的理解和认识，从而为双方带来新的发展的生成性对话。用今天的话来说，就是一种互识、互动、互为主观的发展之道，也就是通过差异的对话而得到发展。人为地使差异性和普世性之间发生深刻的断裂，片面强调差异之间的不可通约显然是不可取的。特殊性与普适性之间的断裂影响了各方面的和谐，使对话难以进行，社会难以发展。重新沟通和弥合这种断裂，回返普遍与特殊的正常关系是发展多元文化，保护文化生态，缓解文化冲突，更是使比较文学得以蓬勃发展的重要环节。

第二，坚守传统文化与接受外来影响的关系。

文化包含两个层次：一是传统文化，即民族文化传承下来的已成之物，如经典文献、各种古器物等，这是全然不可更改的，只能原封不动，永远保存；另一个层面是文化传统，这是一种对已成之物不断进行重新诠释和更新的将成之物，如不同时代对同一经典文献的不同解读。这种解读因时因地而变，不断发展，构成新的谱系。

不分这两个层次，就会片面强调文化越纯粹、越守旧越好，中国长期以来流行着一种说法，即"越是民族的，越是世界的"。如果是针对第一个层面来说，这无疑十分正确；但如果从第二个层面来看，就会发现所谓民族的远非封闭的，更不是一成不变。它必然在与他种文化的互动中得到发展；民族和世界也不是割裂、互不相干的；民族的有时会变成世界的，世界的有时也会变成民族的。况且，民族的要得到世界的认可和喜爱，在突出自身特点的同时，还必须考虑其受众的期待视野和接受心理。总之，对于文化的第一层面必须保持其纯粹，对于文化的第二层面则必须通过对话和沟通，力求其变化和发展。

那么，不同文化之间不可避免地渗透和吸收是否有悖于保存原来文化的特点和差异呢？这种渗透交流的结果是不是会使世界文化的差异逐渐缩小，乃至因混同、融合而消失呢？从历史发展来看，一种文化对他种文化的吸收总是通过自己的文化眼光和文化框架来进行的，也就是要通过自身文化屏障的过滤，很少会全盘照搬而多半是取其所需。例如佛教传入中国，佛教经典曾"数十、百倍于儒经"，但佛藏中"涉及男女性交诸要义"的部分，"惟有隐秘闭藏，禁止其流布"[①]。这说明

---

① 陈寅恪《寒柳堂集》，上海：上海古籍出版社，1980年，第155页。

本土文化在文化接触中首先有自己的选择。同时，一种文化对他种文化的接受也不大可能是原封不动地移植。一种文化被引进后，往往不会再按原来的轨道发展，而是与当地文化相结合产生出新的，甚至更加辉煌的结果。印度佛教传入中国，产生了禅宗、华严宗和宋明理学，希腊文化和希伯来文化传入西欧，成为西欧文化的基石。这种文化异地发展，滋生出新文化的现象，在历史上屡屡发生。由此可见，两种文化的相互影响和吸收不是一个同化、混一的过程，而是一个在不同环境中转化为新物的过程。其结果不是趋同，而是各自提升，在新的基础上产生新质和新的差异。有如两个圆形在某一点相切，然后各自沿着自己的轨道再发展。

第三，自我与他者的关系。

对话中的他者与自我也是一个十分复杂的问题。我们常从自我出发，将对方设想得和自己一样，总想同化对方。结果是牺牲对方的特色而使他者和自我趋同。如果想双方都在自己的基础上，沿着各自的方向发展，形成生成性对话，那就需要如勒维纳斯所特别强调的，应该从他者出发，关注他者最不清楚，甚至最不可能理解的那一面。因为他者是我所不是，不仅仅是因为他的性格、外貌和心理，更重要的是因为他的相异性本身。"正是由于这种相异性，我与他人的关系才不像通常所认为的那样是一种融合,而是一种面对面的关系"。①只有充分显示这种面对面的相异性,他者才有可能成为可以反观自我的参照系。然而,只强调相异性,往往就会各不相干,难于达到理解和沟通的目的;不强调相异性,又会牺牲对方的特色而使他者和自我趋同,对话也就不再存在。理想的状况应是双方都从他者受到启发,发展出新的自我。这种他者与自我的悖论正是产生生成性对话的最有意义,也最困难之处。

第四,不同文化对话的话语问题。

平等对话的首要条件是要有双方都能理解和接受,可以达成沟通的话语。话语有如游戏规则,对话时,双方都要遵守某些规则,形成最基本的认同,否则,对话就无法进行。正如我们不能用下象棋的规则来下围棋一样,规则不同,游戏就无法进行,对话只能终止。

在跨文化对话过程中,最困难的是要形成一种不完全属于任何一方,而又能相互理解和相互接受的话语。目前,发展中国家所面临的,正是多年来发达世界以其雄厚的政治经济实力为后盾所形成的,在某种程度上已达致广泛认同的一整套有效的概念体系。这套话语无疑促进了欠发达地区各方面的进步;

---

① [法]勒维纳斯《时间与他人》,参阅杜小真《勒维纳斯》,中国香港:三联书店,1994年。

然而，不可否认，其也压制了该地区本土原有的生活方式和思维方式以及本土话语的发展。近来有关失语症的提出有一定道理，但以此否定数百年来，以西方话语为核心形成起来的当代话语，代之以前现代的本土话语，或某种并不存在的新创的话语，是不现实的。某些人主张去发掘一种绝对属于本土的、未经任何污染的话语，但他们最后会发现这种话语根本就不存在，因为文化总是在与其他文化的相互作用中发展的；况且，即便有这样的完全本土的话语，它也既不能用来诠释现代生活，也不能被对话的另一方所理解而达到沟通的目的。事实上，西方话语本身经过数百年积累，汇集了千百万智者对于人类各种问题的思考，并在与不同文化的交往中得到了丰富和发展，抛弃这种话语，生活将难以继续；然而，只用这套话语及其所构成的模式去诠释和截取本土文化，那么，大量最具本土特色和独创性的、活的文化就会因不能符合这套模式而被摒除在外，果真如此，所谓对话就只能是同一文化的独白，无非补充了一些异域资料而已，并不能形成真正互动的生成性对话。

如何才能走出这一困境？最重要的是要寻求一个双方都感兴趣的中介，也就是一个共同存在的问题，从不同文化立场和角度进行讨论。要做到这一点首先要在对话中保持一种平等的心态。不少西方人不了解，也不愿意了解他种民族的文明，而是固执地、也许并不带恶意地认为自己的文化就是比其他文化优越,应该改变和统率其他民族的文化。要改变这种心态,远非一朝一夕可以做到。意大利一位研究跨文化文学现象的学者——罗马智慧大学的阿尔蒙多·尼兹教授特别指出,要改变这种西方中心思想,必须通过一个他称为苦修(askesis)的过程。他说:"我们必须确实认为自己属于一个'后殖民世界',在这个世界里,前殖民者应学会和前被殖民者一样生活、共存。它关系到一种自我批评以及对自己和他人的教育、改造。这是一种苦修(askesis)。"①另一方面,许多过去被压抑的民族,由于十分敏感于捍卫自己固有的文化,以致保守、封闭,拒绝一切对话,结果是自身文化的停滞和衰竭。要消除这样的心态,同样是一个苦修的过程。只有在这样的基础上形成新的话语,对话才能进行。

三、作为跨文化对话前沿的比较文学及其发展的第三阶段在跨文化对话中,文学可以起很大的作用

首先是文学的伟大凝聚力。历史证明任何伟大的文学或艺

---

① [意]阿尔蒙多·尼兹《作为非殖民化学科的比较文学》,罗恬译,《中国比较文学通讯》,1996年,第1期,第5页。

术作品总是较少功利打算，而体现着人的生、死、爱、欲等古今人类共同的话题。如佛教提出的人生八苦（生、老、病、死、怨憎会、爱别离、求不得、五蕴盛）。这些共同话题使读者产生共鸣，同时又是作者本人的个人经验、个人想象与个人言说。伟大作品被创造出来，不管作者是否愿意，总是从自身文化出发，带有不可避免的自身文化的色彩；在被解读时，读者一方面带有自身的文化先见，另一方面又因人们对共同经验的感知和理解而突破了不同文化之间的隔阂，产生了新的阐释。事实上，每一部伟大的作品都是根据自己不同的生活方式，思维方式，对共同问题做出自己的回答。这些回答鸣响着一个民族悠久的历史传统的回声，同时又受到属于不同时代、不同群体的当代人的解读。不同文化的人们通过这样的解读，可以互相交往，互相理解，得到共识，形成共同的话语。

陈寅恪曾总结说："真能于思想上自成系统，有所创获者，必须一方面吸收输入外来之学说，一方面不忘本来民族之地位。此二种相反而适相成之态度，乃道教之真精神，新儒家之旧途径，而二千年吾民族与他民族思想接触史之所昭示者也。"[①]中国文学经过百年来在古今中外文化激烈冲撞中的推

---

① 陈寅恪《冯友兰中国哲学史下册审查报告》，《金明馆丛稿二编》，第252页。

进，文学研究积累了丰富的经验，今天的文学研究将在这个基础上参照世界文化当前语境，回归原点再出发。正如列维-斯特劳斯所说，一种纯粹和整体的知识不能从特定的政治现实以及时代状况中获得，而只能借助于追本溯源，回到"尚未损害，尚未败坏的自然"。中国文学研究也是如此，恰如中国著名作家格非从他自身的创作实践所总结的，"整个中国近现代的文学固然可以看成是向外学习的过程，同时也是一个更为隐秘的回溯性过程，也就是说，对整个传统的再确认过程"。[①]一方面是空间性坐标，即在费孝通先生所说的机械文明和信息文明两个文明重叠的挤压下，与世界的情愿和不情愿的交往；另一方面是时间性的坐标，也就是格非所说的那个更隐秘的，向传统回归的过程。中国文学发展的百年历史急需要在这个纵的和横的坐标上来进行总结。

事实上，无论是文学研究还是文学创作，现代人从传统文化的土壤中生长出来，同时又过着现代生活，受着现代教育，从物质到精神都或多或少受着外来影响；中国文化百余年来，无时无刻不与外来文化发生种种接触。古今中外纵横交错，表现为非常复杂的循环往复，现在到了在新的形势下，根据新的需要，更系统、更深入地进行诠释的时候。这一切都为当下文

[①] 《汉语写作的两个传统》，《文汇报》，2005年12月3日。

学的发展提供了新的思路和条件。由此可以看出,在当前世界的大变局中,在形成全球性的文化多元格局中,文学是一个十分重要的环节;同时,这个进程又将给文学研究的发展和更新带来新的契机,从而根本改变当前文学研究的格局。在古今中外的坐标上为文学研究重新定位,让跨文化文学研究的根本精神贯彻于文学研究的各个领域,这就是当前中国比较文学,也就是跨文化文学研究所面临的形势和任务。

进一步考察当今比较文学存在的语境,就会发现我们正处于一个后现代思潮的转型时期。20世纪60年代兴起的后现代解构思潮轰毁了过去笼罩一切的大叙述,使一切权威和强制性的一致性思维都黯然失色,同时也使一切零碎化、离散化、浮面化,最终只留下了现代性的思想碎片,以及一个众声喧哗的、支离破碎的世界。后现代思潮夷平了现代性的壁垒,却没有给人们留下未来生活的蓝图,未提出建设性主张,也未策划过一个新的时代。

到了20世纪末21世纪初,人们反思了"解构性后现代思潮"的缺陷,提出以过程哲学为基础的"建构性后现代主义",主张将第一次启蒙的成绩与后现代主义整合起来,召唤"第二次启蒙"[①]。如果说第一次启蒙强调的是解放自我,

---

① 参阅王治河《后现代化呼唤第二次启蒙》,见《世界文化论坛》2007年1/2月号。

个人自由，其方法论核心是工具理性，其根本追求是重塑自然以符合人类需要；那么，第二次启蒙则是强调尊重他者，尊重差别，多元互补，强调责任和义务，揭示自由与义务的内在联系；他们认为工具理性使人们难以摆脱以功利为目的的行为动机，人类必须大力增强以真善美的和谐统一为旨归的审美智慧；他们号召超越"人类中心主义"，高扬生态意识，提倡抛弃人类可以操纵环境的想法，而重在根据环境的需要调整自身。第二次启蒙的这些主张与中国文化的传统价值有很多相通之处，如"和实生物，同则不继"，"欲遂其生，亦遂人之生"，"道始于情，情生于性"，"天人合一"等。这些都为打通中外古今的跨文化文学研究提供了新的理论基础和广阔空间。

回首历史，中国比较文学在20世纪初发轫，20年代后作为一个学科开始孕育。80年代后，作为最具开放性、先锋性的学科之一得到了迅猛发展。90年代前后，世界更深入地进入全球化时代，与此同时，单向度的、贫乏而偏颇的全球主义意识形态的弱点随之暴露无余，而以多元文化为基础的另一种全球化的诉求被强有力地提了出来。这种诉求大大促进了比较文学的发展，使之超越以法国比较文学为核心的第一发展阶段和以美国比较文学为核心的第二发展阶段，进入以不同文化体系文学的互识、互证、互补为核心的比较文学发展的第三阶段。

中国比较文学所以能成为全球第三阶段比较文学的积极倡导者，第一是由于中国作为发展中国家，坚决反对帝国文化霸权，始终如一地全力促进多元文化的发展；第二，中国具有悠久的文化历史，为异质文化之间的文学研究提供了取之不尽，用之不竭的源泉。长期以来，中国和印度、日本、波斯以及欧洲各国都有过深远的文化交往；第三，近百年来，中国人对外国文化和外国语言勤奋学习，不断积累，使得中国人对外国的了解一般来说，要远胜于外国人对中国的了解。这就使得中国比较文学有可能在异质文化之间的文学研究这一领域，置身于前沿。第四，中国比较文学以"和而不同"的价值观作为现代比较文学的精髓，对各国比较文学的派别和成果兼收并蓄。30年代初，梵·第根的《比较文学论》、洛里哀的《比较文学史》都是在出版后不久就被中国名家译成中文。到20世纪末，中国翻译、编译出版的外国的比较文学著作、论文集（包括欧美国家、俄国、日本、印度、韩国、巴西）已达数十种，对外国比较文学评价分析的文章数百篇，绝大多数的中国比较文学教材都有评介外国比较文学的专章。可以说任何一个国家的学者，都没有像中国学者这样，如此热心地重视对外国比较文学的介绍与借鉴。最后，还应提到中国传统文化一向文史哲不分，琴棋书画、舞蹈、戏剧相通，这为第三阶段的跨学科文学研究提供了全方位的各种可能。

可以说中国比较文学既拥有深厚的历史基础又具有明显的世界性和前沿性。它接受了法国学派的传播与影响的实证研究，也受到了美国学派的平行研究与跨学科研究的影响，它既总结了前人的经验，又突破了法国比较文学与美国比较文学的西方中心的狭隘性，使比较文学能真正致力于沟通东西方文学和学术文化，从各种不同角度，在各个不同领域将比较文学研究深入导向崭新的比较文学发展的第三阶段。

总之，人类无可逃脱地面临着全球跨文化对话的紧迫性。促进对话，避免对抗是每一个当代人的责任。以跨文化对话文学研究为己任的比较文学与比较文化更是位于前沿。在21世纪的第二个十年我们要张开双臂，敞开胸怀，摆脱任何派别和地域的局限，站在时空的最高点，观察全球，理解世界，探索人类；打通古今中外各民族的文学，沟通人的灵魂，塑造对宇宙、对人生的新的观念，参与构建适合于21世纪人类生存的共同伦理；特别是在普遍与特殊，纯粹与更新，自我与他者，本土话语和外来话语等关系上，积极开拓，寻求新的突破。让我们弥缝精英和大众的断裂，思想理论研究和作品细读的断裂，团结一致，携起手来，迈向21世纪第二个十年的新台阶。

中国现代文学在多元跨文化语境中发展

中国现代文学的源头与比较文学，特别是属于这一学科的翻译文学有非常密切的关系。中国比较文学也不像欧美比较文学，发端于大学讲坛。1987年6月我国比较文学学会第一任会长，北京大学英语系教授杨周翰先生在日本京都日本比较文学学会年会上做了一次题为"中国比较文学的今昔"的精彩讲演，可以说这是新兴的中国比较文学在国际间的一次重要亮相。他强调了中国比较文学开端的两个特点，他说："我分析了中西比较文学起源之不同。西方比较文学发源于学院，而中国比较文学则与政治和社会上的改良运动有关，是这个运动的一个组成部分。"杨先生又指出，中国比较文学的另一个源头"是用从西洋输入的理论来阐发中国文化和文学"。他认为在我国文化中，在我国学者的心态中，历史意识特别强，事事都要溯源。"这种文化熏陶使人们看到本国文学受外来影响，或外国文学中有中国成分,就自然而然要探个究竟"。

在杨周翰先生看来,中国比较文学是中国本土的产物,它的出现是中国文学发展本身的要求,是中西文化相触和中国经济、政治、社会、文化发展的结果。中国现代文学、中国比较文学、中国文化发展,这都是与振兴国家民族的愿望,更新和发展本民族文学的志向分不开的。中国现代文学始于推介外国文学,并力求在外国文学的多元语境下重新认识自己,以寻求发展新路,它的根基始终是中国社会和悠久的中国文学传统。以下分三个题目来加以论述。

一、中国现代文学从小说的翻译和研究开始

19、20世纪之交,中国知识界的有识之士深感扩大视野,面向世界,学习各国文化非常必要;在唤起民众的实际需要中,文学,特别是小说,引起了空前的重视。当时"欲新一国之民,不可不先新一国之小说"已成为一般先进知识分子的共识。严复在戊戌政变失败后特别强调"民智不开,则守旧维新两无一可",而开民智的重要一环则是让中国人民既了解中国,也了解西方,"使洞识中西实情者日多一日",因此,他"屏弃万缘,惟以译书自课"。1897年,他在天津创办《国

闻报》时，曾与夏曾佑一起写了一篇《本馆附印说部缘起》，指出"欧美、东瀛其开化之时，往往得小说之助"。当时，康有为对上海出版发行状况做了一番考察，曾写了一首诗："我游上海考书肆，群书何者销流多？经史不如八股盛，八股无如小说何。郑声不倦雅乐睡，人情所好圣不阿。"这首诗是为了敦促友人菽园居士写出他想写的"政变说部"而写的，说明他对通过小说来"开发民智"也十分重视。梁启超对此有更多论述。1898年，他在《译印政治小说序》中说："凡人之情莫不惮庄严而喜谐谑，故听古乐则惟恐卧，听郑卫之音则靡靡而忘倦焉，此实有生之大例，虽圣人无可如何者也。"他还引康有为的话以为佐证，康有为说："仅识字之人有不读经，无有不读小说者，故六经不能教，当以小说教之；正史不能入，当以小说入之；语录不能谕，当以小说谕之；律例不能治，当以小说治之。"梁启超进一步得出结论说："欲新一国之民，不可不先新一国之小说，故欲新道德，必新小说；欲新宗教，必新小说；欲新政治，必新小说；欲新风俗，必新小说；欲新学艺，必新小说；乃至欲新人心，欲新人格，必新小说。何以故？小说有不可思议之力支配人道故。"由此出发，他对于翻译小说尤其重视，他指出："欧洲各国变革之士其魁儒硕学，仁人志士往往以其身之所经历及胸中所怀、政治之议论一寄之于小说……往往每一书出，而全国之议论为之一变，彼美英德法奥意日本各国政界之日进，则政治小说为功最高焉。英名士某君曰小说为国民之魂，岂不然哉！"在梁启超看来，小说是改革社会的利器，应担当起塑造新人格、新人心、新风俗、新学艺，乃至新道德、新宗教、新政治的重任。要完成这一重任，绝非旧小说所能担当的，必须引进西方的新小说，特别是政治小说。由此可见，翻译小说的兴起并非无因，而是与振兴民族，开发民智，提高国民人文素质的历史要求紧密相连。

1903年，夏曾佑在《绣像小说》第三期发表了将近五千字的长文《小说原理》，指出小说远较绘画广阔，可以"时刻变换"，又比史书不平淡而浓艳，因此，"小说之为人所乐，遂可与饮食、男女鼎足而三"。他进一步得出结论说，要输入西方文化，首先应输入西方小说："欲求输入文化，除小说更无他途。"

梁启超认为中国文学曾经有过辉煌的历史，"孟子有好货好色之喻，屈平有美人芳草之辞，寓谲谏于诙谐，发忠爱于馨艳，其移人之深，视庄言危论，往往有过"，但中国的小说却长期以来，并未得到很好的发展。梁启超说："中土小说虽列之于九流，然自虞初以来，佳制盖鲜。述英雄则规画《水浒》，道男女则步武《红楼》……陈陈相因，涂涂递附"，并不能担负起如西方小说那样的任务。因此，从中国文学本身的发展来说，也需要一个大的飞跃；而西方文学正是这一飞跃的重要刺激和参照。

另外，如笔名天僇生的王钟麒在《论小说与改良社会之关系》《中国历代小说史论》《中国三大小说家论赞》等文章中特别强调应针对当时小说界"不善作小说"，亦"不善读小说"的弊病，需要"振兴吾国小说"，"以救国民"。在呼唤西方小说的潮流中，他并不认为只要移植西方文学即可，而是认为应首先研究总结中国小说的传统，他指出中国小说历来就集中于"愤政治之压制；痛社会之浑浊；哀婚姻之不自由"，中国小说的杰出代表就是：曹雪芹、施耐庵、王世贞（他认为是《金瓶梅》的作者），他明确认为这正可以和西方文学的主流相契合。

在这样的形势下，外国小说的译介一时间蓬勃发展起来。据《涵芬楼新书分类目录》所载，戊戌政变至1911年间，中国出现的翻译小说已达600余种。1908年，出版家徐念慈（东海觉我）在《小说林》上发表了一份《丁未年小说界发行书目调查表》，据他统计，仅1907年一年，中国刊出的翻译小说就有80种。其中英国32种，美国22种，法国9种，日本8种，俄国2种，其他7种。在这十年间，五大小说杂志相继问世，如梁启超的《新小说》(1902)，李伯元的《绣像小说》(1903)，冷血的《新新小说》(1904)，吴趼人与周桂笙的《月月小说》(1906)，黄摩西（黄人）的《小说林》(1907)等都大量登载翻译小说。20世纪头十年出现的翻译名家除林纾外，还有翻译《悲惨世界》和《拜伦诗选》的苏曼殊，翻译《少年维特之烦恼》、《缝衣歌》（托马斯·虎特）和戏剧《威廉·退尔》（席勒）的马君武，翻译《鲁滨孙漂流记》的曾宗巩，首先用白话文翻译《侠隐记》的伍光建等。这些翻译作品都引起了广大读者的兴趣。

翻译小说由于其跨文化的性质，本身就是比较文学的一个组成部分。这一时期的翻译小说和研究大部分都是以中西文学有共通之处为出发点的，因为对当时来说，没有共通之处就没有翻译的必要，也没有汇通和参照的可能。当时人们认为中西文学最重要的共通之处就是文学应服务于振兴民族，开发民智，提高国民人文素质。1902年梁启超就指出"此天下万国凡有血气者莫不皆然，非直吾赤县神州之民也"。另外，常在《新小说》发表文章的金松岑进一步指出文学是沟通中西文化的共同途径。他说："人之生而具情之根苗者，东西洋民族之所同；即情之出而占位置于文学界者，亦东西洋民族之所一致也。亦两社会之隔绝反对，而乃取小说之力，与夫情之一脉，沟而通之，则文学家不能辞其责也。"夏曾佑等人还就人类的共通性进行过具体探索。他与严复为《国闻报》合写的《本馆附印说部缘起》就是从世界的视角，把中国作为世界的一部分来讨论的。例如说："无论亚洲、欧洲、美洲、非洲之地，石刀、铜刀、铁刀之期，支那、蒙古、西米底、丢度尼之种，求其本源之地，莫不有一公性情焉。此公性情者，原出为天，流为种智。儒、墨、佛、耶、回之教，凭此而出兴，君主、民主、君民并主之政，由此而建立：故政与教者，并公性情之所生，而非能生夫公性情也。何谓公性情？一曰英雄，一曰男女。"这种"公性情"表现在文学中，就是共同的主题和题材。早期《中国文学史》的作者黄人（原名振元，别号摩西）也指出"南海北海，此心同，此理同"，他相信"虽东西国俗攸殊，而必有相合之点。如希腊神话，阿拉伯夜谈之不经，于吾国各种神话小说，设想正同。盖因天演程度相等，无足异者"。"天演程度相等"就是进化的层次相类，故不同文化的文学由此都会有共同之层面，黄人当时指出这一点，是很有意义的。总之，当时在《新小说》《小说林》等文学刊物中，常常看到"十方同感"、"五洲同室"、"四海同文"、"小说无国界"等说法，都是强调不同文化中的文学自有其共通之处。

除了对中西文学内容的共通之处多有论述外，在对西方文学翻译的过程中，首先接触到的是语言问题，中西文学共通的"言文合一"也就成了一个经常讨论的核心问题。1887年，黄遵宪在《日本国志》中指出英、法文学因（从拉丁语）改用英、法语而有了很大发展，中国也应走"言文合一"的路，他提出的"我手写我口，古岂能拘牵"就是这种看法的表现。梁启超也认为"文学之进化有一大关键，即由古语之文学，变为俗语之文学是也。各国文学史之开展靡不循此轨道"，这也是企图从不同的文学中寻找一些共同的规律。

在翻译小说的讨论中，谈得最多的往往是以西方小说为参照，找出中国文学在发展中的特点或弱点以求更大发展。例如《月月小说》的译文编辑周桂笙在翻译外国作品时就常常这样做。他在《毒蛇圈》的"译者识语"中说："我国小说体裁往往先将主人翁之姓氏、来历叙述一番，然后绎其事迹于后；或亦有用楔子、引子、词章、言论之属，以为之冠者。盖非如此，则无下手处也。"法国小说则"凭空落墨，恍如奇峰突兀，从天外飞来；又如燃放花炮，火星乱起，然细察之，皆有条理"。林纾更是经常在他译作的前言中比较中西小说的不同，从西方文学的独创处反观中国文学，指出中国文学的不足。例如从内容来比较狄更斯的《孝女耐儿传》（通译狄更新《老古玩店》）和《红楼梦》的不同；从结构形式来比较《块肉余生述》（通译《大卫·科波菲尔》）和《水浒传》的不同等。林纾关于中国文学的某些弱点的提出，都是以他所翻译的西方作品为参照，以推动中国文学的改进为旨归的。1904年以来，《新小说》杂志的《小说丛话》也常登载这样一些比照的说法，如苏曼殊认为"泰西之小说，书中之人物常少，中国之小说，书中之人物常多；泰西之小说，所叙者多为一二人之历史，中国之小说，所叙者多为一种社会之历史"。又说："吾国小说，多追述往事，泰西之小说，多描写今人。"侠人分析了中国小说的"一短三长"，西方小说的"三短一长"等。另外也有认为西方小说胜于中国小说的，如说："每读中国小说如游西式花园，一入门，则园中全景，尽在目前也；读外国小说，如游中国名园，非遍历其境，不能领略个中况味也。"稍后，诚之（吕思勉）对中西小说叙述方式的不同也有很值得注意的分析。他说："小说之叙事有主、客观之殊。主观的者，书中所述之事均作为主人翁所述，著述者即书中之主人翁……西洋小说多属此种（近年译出之小说亦多属于此种）。客观的者，主人翁置身书外……中国小说多属此种。"这种讨论虽然往往并不完整，难免片面性，但这种以他种文学为比照，反观自身，以认识仅从封闭的自身难以认识的特点的做法，正是后来比较文学称为阐发研究的一个方面，也是两种文化互识的开始。

翻译是两种文化沟通的最前沿，传统比较文学中的媒介学就是以翻译研究为核心的。中国关于翻译的研究有极其丰富的理论成果和实践经验，即便是在世界译林的大背景下，中国翻译也是卓有成就的。早在1894年，精通英、法等多国语言的马建忠就曾提出应建立"翻译书院"，训练专门翻译人才。他在《拟设翻译书院议》中强调必须对"两国之文字深嗜笃好，字栉句比，以考彼此文字孳生之源，同异之故"，还要"审其音声之高下，析其字句之简繁，尽其文体之变态，及其义理精深奥折之所由然"，"摹写其神情"，"仿佛其语气"。他要求"译成之文，适如其所译"，而"曾无毫发出入于其间"，这才能称为善译。世纪之交，严复提出"信、达、雅"三原则，值得重视的是这些原则并非仅是经验之谈，而是出自深远的中国文化传统。他说："《易》曰：'修辞立诚'。子曰：'辞达而已'。又曰：'言之无文，行之不远'。三者乃文章正轨，亦即为译事楷模。故信、达而外，求其尔雅。"这三条原则至今仍为中国译者所追求，但要做到却十分不易。20世纪初，严复、梁启超甚至林纾等人的翻译正因其是最早在中国文化的框架下去理解西方原著的尝试和实践，因此对于比较中西文化的不同，研究中西方文化汇通中的问题，以及理解中西文化之间的抵牾等，都有其独特的意义。

在研究早期中西文化碰撞时不能不提到的另一位翻译巨匠是辜鸿铭。1898年上海别发洋行出版辜鸿铭的《论语》英译，副标题就是："引用歌德及其他作家举例说明的独特译文。"卫茂平教授的论著《德语文学汉译史考辨》对此有不少精彩的论述。辜鸿铭的独特译文可以说正是孔子和歌德以辜鸿铭为中介的，透过遥远时空的对话。这样的比照，实在是别开生面的，也可以说这就是对孔子所代表的中国文化和歌德所代表的德国文化的一种互证、互识的呈现。这种呈现也正是后来钱锺书在《管锥编》中大量使用的互证、互识方法的先声。

二、林纾的贡献

作为中国现代文学和比较文学的发端，20世纪头十年小说的翻译和研究是功绩卓著的。

1897年，林纾的夫人病逝，林纾心情十分哀伤，正好从法国归来的王寿昌（字子仁，号晓斋主人）约他合译法国作家小仲马的《茶花女》一书，这本书的哀婉情调正符合他当时的心境。于是由精通法语的王子仁逐段叙述故事，由深具中国文化底蕴和语文能力的林纾演绎成文。该书以《巴黎茶花女遗事》为题，1899年在福州初次刊行，引起很大反响，正如严复诗所说："可怜一卷茶花女，断尽支那荡子肠。"陈衍后来撰写的《林纾传》也说："《巴黎茶花女》小说行世，中国人见所未见，不胫走万本"，可见其影响之大。

林纾的翻译活动一发而不可收，他翻译的欧美小说共有180余种，其中132种已出版单行本，10种散见于第6—11卷《小说月报》，14种未付印。林译小说以英国作家的作品最多，达93种，其次为法国小说25种，美国19种，俄国6种，其余出自希腊、比利时、瑞士、西班牙、日本诸国。①在这些小说中，有的是欧美名著，如莎士比亚（William Shakespeare）、地孚（Daniel Detoe）、斐鲁丁（Henry Fielding）、史委夫特（Jonathan Swift）、却尔斯·兰（Charles Lamb）、史蒂文生、狄更斯（Charles Dickens）、史各德（Walter Scott）、华盛顿·欧文（Washington Irving）、史拖活夫人（Harriet Beecher Stowe）、巴鲁萨（Honore de Balzac）、雨果（Victor Hugo）、大仲马（Aleandre Dumas, pere）、小

---

① 后林纾女婿李家骥1955年补正为：总数184种，单行本137种，未刊23种，8种存稿。又林纾自1912年12月至1913年在《平报》的译论栏内以"畏庐"名发表过短篇的评论性译文56篇，但原作者及口译者皆不详。

仲马（Alexandre Dumas, fils）、易卜生（Henrik Ibsen）、伊索（Aesop）、托尔斯泰（Lev Tolstoi）等人的作品；但林纾译得最多的是哈葛德（Henry Rider Haggard）的小说，共有《迦茵小传》、《鬼山狼侠传》等20种，其次为科南·道尔（Arther Conan Doyle），有《歇洛克奇案开场》等7种。

林纾翻译这些小说并不完全是兴之所至，首先，他热爱这些小说，他为它们深深地动情。他常常被正在译述的作品感动得不得不停笔拭泪，如他在《冰雪因缘·序》第59章评语中所说："畏庐书至此，哭已三次矣。"其次，他是把他的译述和更远大的事业联系在一起的。他曾说："大涧垂枯，而泉眼未涸，吾不敢不导之；燎原垂灭，而星火犹爝，吾不得不然（燃）之。"①濒于枯竭的大江大河，接近熄灭的燎原大火，显然是指曾经辉煌一时，而今逐渐式微的中华民族及其文化，尽管如此，林纾仍然相信泉水还会涌流，星火尚可燎原！他不能不为这伟大的复兴事业贡献出自己的一分微力。在他的许多译作序中，他都重复表现了这一点，例如《不如归·序》："纾年已老，报国无日，故日为叫旦之鸡，冀我同胞警醒，恒于小说序中，摅其胸臆。"直到七十岁高龄，他仍然是一个热烈的爱国者。当然，除了爱国热情，推动他在20余

---

① 林纾《译林叙》，见《清议报》第69期（1900年11月）。

年中译出180余部作品的，还有他对生活的探索和他对悲欢离合的人情故事的强烈兴趣。

林纾翻译的速度很快，往往口译者尚未说完，他的译文便已写完毕①。所以能做到这样，是与林纾本人极深厚的国学根基和他运用语言文字的卓越能力密切相关的。以一位深通中国传统文化的古文名家来进行他全然不懂的多种外语的翻译，这不能不构成一种前无古人、后无来者的文化奇观。在这种情况下，翻译中的漏误自然是大量存在的。他自己也说："急就之章，难保不无咎谬。近有海内知交投书举鄙人谬误之处见箴，信甚感之。惟鄙人不审西文，但能笔述，即有讹错，均出不知。"（《西里亚郡主别传序》）但是，从另一方面讲，这也许正造就了中国文学与西方文学最初接触时的一种极特殊的文化现象，孕育着中西比较文学的萌芽。

首先，林纾很自然地把他所译的西方小说与中国小说加以对比，认为天下文章皆有共通之处。例如他认为：①小说的功能都是"举社会中积弊，著为小说，用告当事"，中国也应有狄更斯那样的小说家，使社会受益（《贼史·序》）；②题材有共通之处："天下文章，莫易于叙悲，其次则叙战，又次则

---

① 《福建通志·文苑传》卷九引陈衍先生《续闽川文士传》："口述者未毕其词，而纾已书在纸。"

宣述男女之情"(《孝女耐儿传·序》);③风格有共通之处:"有高厉者,清虚者,绵婉者,雄伟者,悲梗者,淫冶者;要皆归本于性情之正,彰瘅之严,此万世之公理,中外不能僭越。"(同上)

其次,他常在他所翻译的西方小说的语境中反观中国文学,指出中国文学的不足之处。例如他在译完迭更斯的《孝女耐儿传》后就感慨中国文学界还没有像迭更斯那样能够"刻画市井卑污龌龊之事,至于二三十万言之多"的作品。他说《孝女耐儿传》"不重复,不支厉,如张明镜于空际,收纳五虫万怪,物物皆涵涤清光而出,见者如凭栏之观鱼鳖虾蟹焉"。他称赞迭更斯"以至清之灵府,叙至浊之社会,令我增无数阅历,生无穷感喟"。反观中国之说部,"登峰造极者,无若《石头记》",它"叙人间富贵,感人情盛衰,用笔缜密,著色繁丽,制局精严,观止矣。其间点染以清客,间杂以村妪,牵缀以小人,收束以败子,亦可谓善于体物;终竟雅多俗寡,人意不专属于是。若迭更斯者,则扫荡名士美人之局,幻为空中楼阁,使观者或笑或怒,一时颠倒,至于不能自已,则文心之邃曲,宁可及耶?"他又举出《史记·外戚世家》关于窦长君的故事和《北史》苦桃姑的故事,认为这种"曲绘家常之恒状"的笔墨在中国已经很不多见,而"迭更斯则专意为家常之言，而又专写下等社会家常之事，用意著笔为尤难"。在结构方面，林纾又以迭更斯的作品与《水浒》做一对比。他说："施耐庵著《水浒》，从史进入手，点染数十人，咸历落有致。至于后来，则如一群之貉，不复分殊其人，意索才尽，亦精神不能持久而周遍之故。然犹叙盗侠之事，神奸魁蠹，令人耸慑。若是书，特叙家常至琐至屑无奇之事迹，自不善操笔者为之'且恹恹生人睡魔'，迭更斯乃能化腐为奇，撮散为整，收五虫万怪，融汇之以精神，真特笔也。"（《块肉余生述·序》）

林纾关于中国文学的这些弱点的觉悟，如果没有他所翻译的这些西方作品为背景，恐怕也是不可能提出的。但他的目标十分明确，正如他一再强调的："不必心醉西风，谓欧人尽胜于亚，似皆生知良能之彦"，只要以"实力加以教育，则社会亦足改良"，这正是"鄙人之译是书"的目的。（《块肉余生述·序》）

此外，林纾的翻译实践也开始突破了他所师从的桐城派古文乃至中国史传或小说的表达方式。他发现外国小说"处处均得古文义法"。所谓"义法"就是他在《黑奴吁天录·例言》《撒克逊劫后英雄略·序》《块肉余生述·序》等文章里都曾讲到的开场、伏脉、接笋、结穴、开阖等，也就是我们现在所讲的有关叙述描写的写作技巧。虽然林纾承认中外义法相通，但他对于迭更斯等名家的杰出的义法却是更为心仪的。他指出中国讲文章"开阖之法，全讲骨力气势。纵笔至于浩瀚，则往往遗落其细事繁节，无复检举，遂令观者得罅而攻……精神终患不周"。这应是林纾多年从事古文写作的切身感受，他对迭更斯小说结构的缜密严谨不能不十分钦佩。他说，迭更斯的书"伏脉至细，一语必寓微旨，一事必种远因，手写是间，而全局应有之人，逐处涌现，随地关合。虽偶尔一见，观者几复忘怀，而闲闲著笔间，已近拾即是，读之令人陡然记忆，循篇逐节以索，又一一有是人之行踪，得是事之来源。综言之，如善弈之著子，偶然一下，不知后来咸得其用，此所以成为国手也！"（《块肉余生述·序》）林纾在其译作中特别注意其结构的完整，特别注意开场、伏脉、接笋、结穴、开阖等技法，务求珠联璧合，滴水不漏，如他自己所说的"锁骨观音"，"以骨节勾联，皮肤腐化后，揭而举之，则全身铿然，无一屑落者"。林译小说至今仍能吸引读者，与其脉络清楚，勾连紧密有很大关系。

在语言方面，林译小说也有很多突破，特别是突破了很多林纾所崇尚的桐城派古文的传统。正如钱锺书所说，"林纾译书所用文体是他心目中认为较通俗、较随便、富于弹性的文言。他虽然保留若干古文成分，但比古文自由得多；在词汇和句法上，规矩不严密，收容量很宽大"。[1]于是在林译小说中便出现了许多"古文"里绝不容许的隽语、佻巧语，如梁上君子、五朵云、土馒头、夜度娘等，甚至口语如小宝贝、爸爸、"天杀的伯林伯"等也都掺进了行文之中。至于他一向讨厌的从日本传入的"东人新名词"如普通、热度、幸福、社会、个人、团体、脑筋、"反动之力"、"梦境甜蜜"、"活泼之精神"等更是难于避免，还有许多音译的词遍见于林译小说，后来也就广泛运用了，如密斯脱、安琪儿、苦力、俱乐部等。但在这样应用语言当中，林纾显然不能没有矛盾，正如钱锺书所分析的："在林纾第一部小说《巴黎茶花女遗事》里，我们看得出林纾在尝试，在摸索，在摇摆。他认识到古文关于语言的戒律要是不放松（姑且不说放弃），小说就翻译不成。为翻译起见，他得借助于文言小说以及笔记的传统文体和当时流行的报章杂志文体。但是，不知道是良心不安，还是积习难除，他一会儿放下，一会儿又摆出古文的架子。古文惯家的林纾和翻译新手的林纾之间仿佛有拉锯战或跷板游戏。"[2]尽管如此，林译小说的文体在当时不仅有很大影响，而且对中国小

---

[1] 钱锺书等《林纾的翻译》，北京：商务印书馆，1981年，第39页。
[2] 钱锺书等《林纾的翻译》，北京：商务印书馆，1981年，第42页。

说从古典到现代的过渡也起了不可磨灭的作用。与林纾同时代的著名作家邱炜萲就认为林译小说"以华人之典料，写欧人之性情，曲曲以赴，煞费匠心。好语穿珠，哀感顽艳。读者但见马克之花魂，亚猛之泪迹，小仲马之文心，冷红生之笔意，一时都活，为之欲叹观止"。① 顾燮光等人的《东西学书录》亦称此书是"刻挚可埒《红楼梦》"，郑振铎则认为林纾"译笔圆润，有如宋人小词"。可以说林译小说使中国人耳目一新，为中国小说的发展开辟了一个新的平台，从此仿作的人很多，如钟心青的《新茶花》三十回就是其中之一种。苏曼殊的《碎簪记》《焚剑记》等也都可看出林译小说影响的痕迹。

郑振铎先生在《中国文学研究》中，对林纾的历史功绩的评价，正是对这一阶段比较文学发展的概括和总结。郑振铎说："第一，中国人的关于世界的常识，向来极为浅窄……总以为他们与我们是什么都不相同的，中西之间是有一道深沟相隔的。到了林先生辛勤的、继续的介绍了一百五十余部的欧美小说进来，于是，一部分的知识阶级才知道他们原与我们是同样的人，同时，并了然的明白了他们家庭的情形，他们社会的内部的情形，以及他们的国民性。且明白了中与西原不是两

---

① 邱炜萲《挥麈拾遗》，转引自阿英《关于茶花女遗事》。

个绝然相异的名词。这是林先生大功绩与影响之一。第二，大多数知识阶级，在这个时候，还以为中国的不及人处，不过是腐败的政治组织而已，至于中国文学却是世界上最高的、最美丽的，绝没有什么西洋的作品可以及得我们的太史公、李白、杜甫的；到了林先生介绍了不少的西洋文学作品进来，且以为史各德的文字不下于太史公，于是，大家才知道欧美亦有所谓文学，亦有所谓可与我国的太史公比肩的作家。这也是林先生的功绩与影响之一。第三，中国文人对于小说向来是以小道目之的，对于小说作者也向来是看不起的，所有做小说的人也都写着假名，不欲以真姓名示读者。林先生则完全打破了这个传统的见解。他以一个古文家动手去译欧洲的小说，且称他们的小说家可与太史公比肩。这确是很勇敢的、很大胆的举动。自他之后，中国文人才有以小说家自命的；自他之后才开始了翻译世界的文学作品的风气。中国近二十年译作小说者之多，差不多可以说都是受林先生的感化与影响的。周作人先生在他的翻译集《点滴》序上说：'我从前翻译小说，很受林琴南先生的影响。'其实不仅周先生以及其他翻译小说的人，即创作小说者也十分的受林先生的影响的。小说的旧体裁，因林先生而打破，欧洲作家史各德、狄更司、华盛顿·欧文、大仲马、小仲马诸人的姓名也因林先生而始为中国人所认识。这可说，是林先生的最大功绩。"

这是林纾的功绩,也是中西文学首次会合,互识和互动的功绩。

三、王国维屹立于古今中西的坐标上

王国维可以说是百年来第一位汇通古今中西文化与文学的先行者。王国维自幼倾心于《史记》《汉书》《三国演义》,又广泛接触了西方的社会学、名学、心理学、哲学理论和哲学史等各方面的知识,对古今中外学术都有了广泛的涉猎和钻研。这使他在其学术生涯的开始就能超越新旧中西之争,很早就站在汇通中西古今的高度来展开对各种社会人生问题的探索,并在比较中研究如何以西方的新思想来剖析中国文化的历史和现状。他很早就提出:"学无新旧,无中西。"何以言"学无新旧"呢?因为"事物必尽其真,道理必求其是",而真伪、是非"虽圣贤言之,有所不信焉,虽圣贤行之,有所不慊焉",故不能"一切尚古";而任何事物"其因存于邃古,其果属于方来",因此不能"一切蔑古"。何以言"学无中西"呢?因为"知力人人之所同有,宇宙人生之问题,人人之所不得解也。具有能解释此问题之一部分者,无论其出于本国或出于外国，其偿我知识上之要求而慰我怀疑之痛苦者则一也"。加之，"世界学问，不出科学、史学、文学，故中国之学，西国类皆有之，西国之学，我国亦类皆有之，所异者广狭疏密耳"，因此今天的中国实在是无学之患，而非"中学、西学偏重之患"。可见王国维从一开始，就在古今中外的坐标上来追求自己的学问。

至于古今中西之间的关系，王国维一方面认为："余谓中西二学盛则俱盛，衰则俱衰，风气既开，互相推助。且居今日之世，讲今日之学，未有西学不兴，而中学能兴者；亦未有中学不兴，而西学能兴者；甚且当今之急是引进西学之最为有用者。"1903年他在《教育世界》杂志上发表了《哲学辨惑》一文，指出："异日昌大吾国固有之哲学者，必在深通西洋哲学之人。""深通西洋哲学"被认为是昌大中国哲学的必由之路；因此，在他1903年拟定的一份大学文科科目表中不仅有中国文学、外国文学、中国哲学史、西方哲学史、社会学、人类学等科目，还有"比较言语学"、"比较神话学"等课程。另一方面，他也看到中西的结合不是一件容易的事，他指出："西洋之思想不能骤输入我中国亦自然之势也；况中国之民，固实际的，而非理论的，即令一时输入，非与我中国固有之思想相化，决不能保其势力。三藏之书已束于高阁，两宋之说犹习于学官，前事之不忘，来者可知矣。"因此上面所说的深通并非止于其本身，或仅仅互相容纳而已，最重要的是中西思想的相化。当时，他特别强调参照西方理论来综合探讨中国历史上长期讨论的一些问题，例如他在1901年写的《论性》，以康德的知识论来检讨中国关于"性善和性恶"的讨论；1904年写的《释理》，以语言学的方法，考察"理"字的中西语源及其语义之变迁并论定理性无助于"化恶为善"；1905年写的《原命》以叔本华因果律评"自由意志论"，说明人类受多种牵制，自由难以实现，并提出责任观念等。王国维对中国哲学和文学的贡献无一不是在汇通中西古今的基础上取得的。

正是在这个基础上，王国维第一次在中国明确地肯定了哲学和美术（即今之美学）的独立价值，提出在言志、载道之外，以满足"纯粹之知识和微妙之感情"和以"解除人生之怀疑与痛苦"的需要为旨归的哲学与美术才是最尊贵、最神圣的。可惜这种最尊贵最神圣的哲学与美术却是中国历来最缺少的。中国诗歌中多充斥着"咏史、怀古、感事、赠人之类的题目"，而很少有对于灵魂的追问，更少对于超越现实利害的内心痛苦的描述；中国戏曲小说亦"往往以惩劝为旨，其有纯粹美术上之目的者，世非惟不知贵，且加贬焉"，"纯粹美术上之著述，往往受世之迫害而无人为之昭雪者"，以至于"小说、戏曲、图画、音乐诸家皆以侏儒倡优自处,世亦以侏儒倡优畜之"。

王国维一反数千年之常理,将"无与于当世之用"的"纯粹哲学与美术"立为最神圣、最尊贵、最值得毕生追求之最高价值,这实在是大智大勇之举。王国维之所以能做到这样,没有外来血液的浇灌是不可思议的。显然,王国维之所以能在中国传统数千年一以贯之的功利美学、社会美学之外,提出背道而驰的"无与于当世之用"的"纯粹哲学与美术",确实是汇通中西,另创新意的结果。

从这一点出发,王国维在汇通中西的基础上为中国文学批评开创了全新的道路,提供了完全不同于以往文学批评的模式。写于1904年的《红楼梦评论》、1906年的《屈子文学之精神》和1910年的《人间词话》勾画了这一文学批评新视野的主要轮廓。

王国维首先是在与西方文学的比照中看到中国文学之不足。在阅读和考察了一些西方哲学和文学之后,他认为中国文学的弱点就在于太多地强调了"微言大义"、"寄托讽刺"、"兴观群怨"之类的以文学作为政治教育、改良社会之工具的要求,而忽略了文学作为超脱利害关系、类似于游戏的独立本性。他赞同席勒游戏说,认为:"文学者,游戏的事业也。人之势力，用于生存竞争而有余，于是发而为游戏。"文学应独立于政治经济等功利，但并非无目的，而只是以自身之目的为目的。文学的目的就是对灵魂的叩问，回答"人生何为"的根本问题，求得人生痛苦之解脱。王国维显然对康德的"无目的的合目的性"、叔本华的"欲望和利害关系是人生痛苦之根源"与尼采的"强力意志"以及席勒的游戏说等理论产生了强烈共鸣。在《红楼梦评论》第二章，他翻译并引用了哀伽尔的诗："愿言哲人，诏余其故，自何时始，来自何处？"当代学者丹尼尔·贝尔等认为"从何处来，往何处去？"这类原始问题"困扰着所有时代、所有地区和所有的人。提出这些问题的原因是人类处境的有限性以及人不断要达到彼岸的理想所产生的张力"。王国维认为这也是中国传统文化提出的根本问题。他说："老子曰：'人之大患在我有生'，庄子曰：'大块载我以形劳我以生'，忧患与劳苦之与生，相对待也久矣。"王国维沿袭他惯用的方式，首先从中国长久存在的问题入手，讨论"生之大欲"，他认为文学的根本意义就在于回答这类问题。在王国维看来，《红楼梦》之所以伟大，就是因为《红楼梦》与这些问题相应和，并提出了对这些问题的深及灵魂的叩问，并寻求解脱。他说："夫欧洲近世之文学中所以推格代（歌德）之《法斯特》（通译《浮士德》)为第一者,以其描写博士法斯特之苦痛及其解脱之途径,最为精切故也。若《红楼梦》之写贾宝玉又岂有异于彼乎?彼于缠陷最深之中而已伏解脱之种子,故听'寄生草'之曲而悟立足之境,读《胠箧》之篇而作'焚花散麝'之想,所以未能者,则以黛玉尚在耳。"王国维认为贾宝玉的痛苦又远较法斯特之痛苦为深刻,因为"法斯特之苦痛,天才之苦痛;宝玉之苦痛,人人所有之苦痛也。其存于人之根柢者为独深,而其希救济也为尤切"。

那么,解脱之道何在呢?王国维认为解脱之道有两种:通常人之解脱是由于个人苦痛之阅历而自求将之结束。如金钏之堕井也,司棋之触墙,尤三姐、潘又安之自刎等,他们无非是"求偿其欲而不得"者也。其实,这并不是真正的解脱;真正的解脱应是"知生活与苦痛之不能相离,由是求绝其生活之欲而得解脱之道"。《红楼梦》中,唯"拒绝一切生活之欲"的"贾宝玉、惜春、紫鹃三人"才是真正之解脱者,因为只有他们的痛苦是由于意识到欲望是一切痛苦之源头而产生的痛苦。而惜春、紫鹃二人又与贾宝玉不同,前者之解脱"存于自己之苦痛。彼之生活之欲因不得其满足而愈烈,又因愈烈而愈不得其满足,如此循环,而陷于失望之境地,遂悟宇宙人生之真相,遽而求其息肩之所(或自杀或出家)"。贾宝玉的解脱与此不同，那是"非常之人，由非常之智力而洞观宇宙人生之本质，始知生活与苦痛之不能相离，由是求绝其生活之欲，而得解脱之道"。此种解脱是美术的、悲感的、壮美的（即歌德所说的那种"于生活中足以使人悲，于美术中则吾人乐而观之"的那种美）。由于这两种解脱之不同，故"此《红楼梦》之主人公所以非惜春、紫鹃而为贾宝玉者也"。王国维认为从解脱这一点来说，也可看出《桃花扇》与《红楼梦》在艺术价值上的分野。他说："吾国之文学中，其具厌世解脱之精神者，仅有《桃花扇》与《红楼梦》耳。而《桃花扇》之解脱，非真解脱也……故《桃花扇》之解脱，他律的也；而《红楼梦》之解脱，自律的也。且《桃花扇》之作者，但借侯李之事，以写故国之戚，而非以描写人生为事。故《桃花扇》，政治的也，国民的也，历史的也；《红楼梦》，哲学的也，宇宙的也，文学的也。此《红楼梦》之所以大背于吾国人之精神，而其价值亦即存乎此。彼《南桃花扇》《红楼复梦》等，正代表吾国人乐天之精神者也。《红楼梦》一书与一切喜剧相反，彻头彻尾之悲剧也。"

总之，认识到人生无可逃遁之苦痛，转而寻求解脱之道，在寻求解脱之道的过程中历尽苦难，终无出路而铸成悲剧。王国维认为只有这样写出来的东西才是真正的文学。这样的文学批评视野远不是传统的中国文学自身所能产生的。自《红楼梦》面世以来,各种评点、题咏、索隐、漫评、考证层出不穷,但都未能企及于王国维的水平。就是与王国维同时代的先进人物,如林纾,虽认为《红楼梦》乃"中国说部之登峰造极者",也不过止于赞叹它的"叙人间富贵,感人情盛衰,用笔缜密,著色繁丽,制局精严"而已;侠人赞《红楼梦》说:"吾国之小说,莫奇于《红楼梦》",但给它的定位也只是:"可谓之政治小说,可谓之伦理小说,可谓之社会小说,可谓之哲学小说,可谓之道德小说"而已。没有人能像王国维那样将《红楼梦》上升到叩问灵魂,追求解脱,成为世界性悲剧的高度。

王国维所以能做到这样,正因为他能将古今中西熔为一炉,从中受到启发,按作为一个中国人的他的认识和需要来决定取舍。如他自己所说:"知力人人之所同有,宇宙人生之问题,人人之所不得解也……具有能解释此问题之一部分者,无论其出于本国或出于他国,其偿我知识上之要求而慰我怀疑之苦痛者,则一也。"本着这种"解释宇宙人生之问题"之追求,王国维常从西方学说受到启发。他说:"自癸卯(1903年)之夏至甲辰(1904年)之冬,皆与叔本华之书为伴侣之时代也。其所尤惬心者则在叔本华之知识论,汗德之学说得因之以上窥。然于其人生哲学，观其观察之精锐与议论之犀利，亦未尝不心怡神驰也。"他承认《红楼梦评论》一文之立论"全在叔氏之立脚地"。但即使对叔本华，乃至康德，王国维也是始终持怀疑和批判的态度。就拿《红楼梦评论》一文来说，王国维已感到"叔氏之说，半出于其主观的气质，而无关于客观的知识"。因此，"于该文（指《红楼梦评论》）第四章内，已提出绝大之疑问"。这疑问就是：真正的解脱是否可能，解脱后之客观世界又当如何？况且"世界有限，人生无穷；以无穷之人，生有限之世界，必有不得遂其生者矣"。因此，要像佛陀和基督那样发愿，让全体得到解脱，实无可能。王国维直接指出叔本华的矛盾，说："叔氏之说，徒引据经典，非有理论之根据也。试问释迦示寂以后，基督尸十字架以来，人类之欲生奚若？其痛苦又奚若？吾知其不异于昔也。然则所谓持万物而归之上帝者，其尚有所待欤？抑徒沾沾自喜之说，而不能见诸实事者欤？果如后说，则释迦、基督自身之解脱与否尚在不可知之数也。"在《叔本华与尼采》中，他又进一步指出矛盾的根源就在于人的有限性和宇宙时空的无限性："志驰乎六合之外，而身扃乎七尺之内，因果之法则与空间时间之形式束缚其知力于外，无限之动机与民族之道德压迫其意志于内，而彼之知力意志犹夫人之知力意志也？彼知人之所不能知，而欲人之所不敢欲,然其被束缚压迫者与人同。"

王国维就是这样一方面立足于中国传统文化,既洞见其弱点,又看到其成就;另一方面又广泛吸取西方文化并深知其矛盾。他的信念是"知力人人之所同有,宇宙人生之问题,人人之所不得解也……具有能解释此问题之一部分者,无论其出于本国或出于外国,其偿我知识上之要求而慰我怀疑之苦痛者,则一也"。这种高瞻远瞩的博大胸襟使他有可能汇通古今中西,以既不同于中国传统,也不同于西方传统的方式,在古今中西文化的发展脉络中参与实现中国文化的重大转折,特别是在关于真之追求和文学批评的根本原则等方面开拓了前所未有的全新的视野。

四、"首在审己,亦必知人,比较既周,爰生自觉"

鲁迅生活的年代比林纾和王国维略晚一些,在他广泛接触社会的时候,中国社会矛盾更趋复杂尖锐,西方各种思潮更加大量涌入中国,其规模之大而纷乱,影响之深而复杂,在世界文化史上也是少见的。在这样的情况下,鲁迅已不可能像王国维那样完全沉入纯思考与纯文学的灵魂叩问,他不可能不首先考虑到国家和民族的前途。正如列宁所指出:中国战斗的民主主义思想体系，首先是与"使中国避免走资本主义道路、即防止资本主义的愿望结合在一起的"。他也不可能不更多地考虑到西方哲学与美术有其消极的，不适合中国现状的一面，而更重视批判和取舍。

在日本留学期间，鲁迅正是生活在革命思潮最为炽烈的中国留学生集团中，他曾回忆那时的情况说："时当清的末年，在一部分中国青年的心中，革命思潮正盛，凡有叫喊复仇和反抗的，便容易惹起感应。"他评价古今中外的立足点是"往者为本体自发之偏枯，今则获以交通传来之新疫，二患交伐，而中国之沉沦遂以益速矣！"青年鲁迅无论是对西方文化的钻研，还是对人生和未来的思考都是从改变此种状况的强烈愿望出发的。

在经过对多种文化的比较和考察后，鲁迅提出了"首在审己，亦必知人，比较既周，爰生自觉"的根本原则。

他首先通过对非、澳二洲土著，西、葡等国以及犹太民族现状的研究和比较，针对当时最红火的追求物质财富和民主立宪之说，指出："将以富有为文明欤，则犹太遗黎，性长居积，欧人之善贾者，莫与比伦，然其民之遭遇何如矣？将以路矿为文明欤，则五十年来，非澳二洲莫不兴铁路矿事，顾此二洲土著之文化何如矣？将以众治为文明欤？则西班牙、波陀牙二国，立宪且久，顾其国之情状又何如矣？若曰惟物质为文化之基也，则列机括，陈粮食，遂足以雄长天下欤？曰惟多数得是非之正也，则以一人与众禺处，其亦将木居而芋食欤？"什么才是当前最需要的文明？鲁迅认为以上这些主张都只是"抱枝拾叶"，"已陈旧于殊方"的"迁流偏至之物"，如果"举而纳之中国"，"馨香顶礼"，那就非常危险。

鲁迅认为19世纪西方文明中"至伪至偏"的东西就是物质和众数。物质指的是"人惟客观之物质世界是趋，而主观之内面精神乃舍置不之一省"，其结果是："诸凡事物，无不质化，灵明日以专亏蚀，旨趣流于平庸，人惟客观之物质世界是趋，而主观之内面精神，乃舍置不之一省。重其外，放其内，取其质，遗其神，林林众生，物欲来蔽，社会憔悴，进步以停。"众数指的是"同是者是，独是者非"，无视个人的独创和个性，"以多数临天下而暴独特者"，以致"古之临民者，一独夫也；由今之道，且顿变而为千万无赖之尤，民不堪命矣，与兴国究何与焉？"在鲁迅看来，西方文明发展到这个地步，亦非自觉的选择，而是不得已。今天中国则可按照自身的需要来决定取舍，他说："物质也，众数也，其道偏至，根史实而见于西方者不得已，横取而施之中国则非也。"

中国所能取于西方文明的是什么呢？为了回答这个问题，

鲁迅在《文化偏至论》中追溯了西方文明数百年的历史，特别是19世纪后半叶的思想史，在比较了德国的斯蒂纳、叔本华、尼采，丹麦的克尔凯郭尔，挪威的易卜生等多种文化的不同思想家的基础上，结合中国情况，他提出"掊物质而张灵明，任个人而排众数"的正面主张。鲁迅说："故今之所贵所望，在有不和众嚣，独具我见之士，洞瞩幽隐，评骘文明，弗与妄惑者同其是非，惟向所信是诣，举世誉之而不加劝，举世毁之而不加沮。有从者则任其来，假其投以笑侮（骂），使之孤立于世，亦无慭也，则庶几烛幽暗以天光，发国人之内曜，人各有己，不随风波，而中国亦以立。今者古国胜民，素为吾志士所鄙夷不屑道者，则咸入自觉之境矣，披心而嚫，其声昭明，精神发扬，渐不为强暴之力，谲诈之术之所克制。"从这一段话可以清楚地看到鲁迅虽然是比较参照了以上不同文化的不同思想家的主张，但得出的结论却是自己的，鲁迅进行的审己、知人和比较，目的只有一个，就是唤起广大人民的自觉，激发他们内在的创造潜力，使中国得以自立于世界民族之林。这与他所列举的诸多思想家的目标显然不同。

鲁迅对于西方文化不仅在比较中选择，而且在接受中根据中国的实际情况加以批判取舍，乃至改造。在日本时期，影响鲁迅最深的是进化论，思想上接受最多的是尼采，但他对两者都同样采取了严格的批判态度。

进化论曾赋予鲁迅比较彻底的发展观念，他相信一切事物的发展变化虽然极其复杂，但总是向上的、进步的。将这种进化论的观点用于对社会历史的分析，鲁迅对泥古派和蔑古派都不能认同。他说："盖神思一端，虽古之胜今，非无前例，而学则构思验实，必与时代之进而俱升，古所未知，后无可愧，且亦无庸讳也。"这就是说，一切事物都有其历史阶段而不断从低级向高级发展。新生的，属于未来的东西不断发生；过去的、腐朽的东西不断衰亡。一切"古已有之"是不对的，割断历史也是错误的。对于任何事物加以评价，都必须把它放在一定的历史阶段来考察。鲁迅主要是接受了进化论积极的方面，这在他后来的思想发展中一直起着积极作用；对进化论的消极方面鲁迅从来都是采取批判态度。他所处的社会环境和地位使他对社会达尔文主义根本不能认同，如果说社会达尔文主义是持"优胜劣汰，弱肉强食"的理论来压制劣者，吞食弱者，那么，恰恰相反，鲁迅则是要用同一个道理来激发劣者赶上优者，使弱者变成强者。鲁迅认为弱小的邦国都应该使自己强大起来，而且"使其自树既固，有余勇焉，则当如波兰武士贝谟之辅匈牙利，英吉利诗人裴论之助希腊，为自繇（由）张其元气，颠扑压制，去诸两间，凡有危邦，咸与扶掖，先起友国，次及其他，令人间世，自繇具足"。鲁迅一直对弱小民族怀着深厚的同情，他以极大努力不倦地介绍波兰、匈牙利、捷克等国的文学和人民生活，同时十分憎恶强者持进化论幌子对弱国进行侵略，他把帝国主义者称为"兽性爱国之士"，揭露他们说："盖兽性爱国之士，必生于强大之邦，势力强盛，威足以凌天下，则孤尊自国，蔑视异方，执进化留良之言，攻小弱以逞欲，非混一寰宇，异种悉为臣仆不慊也！"鲁迅接受进化论，但却把"进化留良之言"作为帝国主义侵略的假面具和盾牌而加以驳斥，这是与鲁迅当时的反帝爱国思想密切相连的。

鲁迅对尼采的态度也是一样。鲁迅在日本留学时期，"尼采思想，乃至意志哲学，在日本学术界正磅礴着"。在上述鲁迅探讨过的"大士哲人"中，尼采对于资本主义文明"庸俗颓靡"的批判和对于创新的执着追求很快就吸引了鲁迅的注意。他谈得最多的就是"深思遐瞩，见近世文明之伪与偏"的尼采。鲁迅在《文化偏至论》中引尼采名著《查拉图斯特拉如是说》中的话说："反而观乎今之世，文明之邦国矣，斑斓之社会矣，特其为社会矣，无确固之崇信，众庶之于知识也，无作始之性质，邦国如是，岂能淹留？""无确固之崇信"就是只重物质而没有精神上的坚定信仰；"无作始之性质"就是随波逐流，无独创精神。尼采的这段话正是鲁迅把19世纪文明之通弊概括为物质和众数的基础。值得注意的是鲁迅接受尼采的思想是把它作为一种武器，意在挽救垂危的国家民族。他所面临的问题首先是怎样使自己和同胞从帝国主义、封建主义的压迫下解脱出来；而尼采却是处于一个向垄断的帝国主义过渡的资本主义强国，他所面临的问题首先是怎样遏制日益兴起的群众革命运动。这就使鲁迅虽然接过尼采的口号，运用尼采的某些思想形式，但目的与内容都与尼采不同。例如鲁迅提倡"尊个性"，目的是突破当时"万喙同鸣，鸣又不揆诸心"的庸众纷扰的局面，要使人们各有独立思考的能力和自己的创见，做到"人各有己"，"人各有己而群之大觉近矣"，目的显然在于"群之大觉"。他提倡"张精神"，也是期望"古国胖民"具有百折不回之意志力，然后能在"狂风怒浪之间"，"以辟生路"。鲁迅认为真正能做到这样，整个中国就会"如雷霆发于孟春，而百卉为之萌动，曙色东作，深夜逝矣"。可见鲁迅的根本目的在于"曙色东作"唤起"群之大觉"。只有这样，"沙聚之邦"才能"由是转为人国"。"人国既建，乃始雄厉无前，屹然独见于天下"。这就是青年鲁迅的最高理想。可见鲁迅虽然接受了尼采的超人学说，和尼采一样认为"惟超人出，世乃太平，尚不能然，则在英哲"，"与其抑英哲以就凡庸，曷若置众人而希英哲？"但鲁迅心目中的超人和英哲的任务就在于唤起群众的自觉,这和尼采力图巩固极少数人对绝大多数人统治的理想显然有着根本的区别。青年鲁迅曾以尼采的新理想主义(新神思宗)和唯意志论(意力说)为理想,但他的目的与尼采相反,是在于使中国避免资本主义的缺陷,改造国民精神,提倡奋发自强以挽救民族危亡。鲁迅早就指出尼采学说本身充满着矛盾,他正是把尼采学说中某些有用部分加以吸收改造来充实和阐明自己的观点的。

由此可见无论是对进化论还是对尼采思想,鲁迅都充分体现了从中国的实际情况和需要出发,对西方思想在接受中批判和改造的宝贵精神。他的根本理想是:"外之既不后于世界之思潮,内之仍弗失固有之血脉,取今复古,别立新宗。"这才是鲁迅在诸多文化和文学的比较中的根本追求。

由于鲁迅不像王国维那样,更多专注于对灵魂的叩问,而是更集中于探讨现实的国民觉醒问题,因此他对文学的看法与王国维也多有不同。青年鲁迅是这样来回答"什么是艺术"这个问题的,他说:"盖凡有人类,能具二性:一曰受,二曰作。受者譬如曙日出海,瑶草作华,若非白痴,莫不领会感动。既有领会感动,则一二才士,能使再现,以成新品,是谓之作。故作者出于思,倘其无思,即无美术;然所见天物,非必圆满,华或稿谢,林或荒秽,再现之际,当加改造,俾其得宜，是曰美化……"鲁迅一方面指出艺术是客观事物的再现。一方面指出这种再现经过人的感兴和创造，才能成为艺术的再现。因此，鲁迅说："美术者有三要素，一曰天物，二曰思理，三曰美化。""美术云者即用思理以美化天物之谓。"鲁迅强调指出天物是第一性的，用以美化天物的思理是第二性的。不但反映自然现象的艺术是这样，在社会领域内，鲁迅也持同样见解。他说："诗歌说部之所记述，每以骄蹇不逊者为全局之主人，此非操觚之士，独凭神思构架而然也，社会思潮，先发其朕，则遂之载籍而已矣。"这就是鲁迅对文学与社会的关系的看法。

根据这样的原则，鲁迅1907年作的《摩罗诗力说》和《文化偏至论》比较分析了多个民族文学发展的特色。他首先指出印度、希伯来、伊朗、埃及等都是"负令誉于史初，开文化之曙色"的文化古国，但由于其国力丧失，文事凋零，"至大之声渐不生于彼国民之灵府"，政治上的衰微带来了文学上的沉寂；结果只能是"煌煌居历史之首，而终匿迹于卷末"了。鲁迅进一步将这几个文明古国与俄国做了比较，俄国也是大国，也曾沉默无声，但"俄之无声，激响在焉。俄如孺子，而非喑人。俄如伏流，而非古井"；因此，19世纪前半叶就有果戈理等人，以"不可见之泪痕悲色，振其邦人"。鲁迅在对多种文化的对比考察中，论证了文学特别是诗歌对于民族文化、民族精神的伟大意义。这种跨文化的对文学与文化的关系的考察，在中国文学发展史中是一种崭新的思想和方法，这就是比较文学的跨文化和跨学科方法的初现。

鲁迅写《摩罗诗力说》的要旨在于"举一切诗人中，凡立意在反抗，指归在动作，而为世所不甚愉悦者悉入之"。他以拜伦为中心，特别强调了他的热爱自由，反抗暴力，为独立、自由、人道而战，"举一切伪饰陋习，悉与荡涤"；同时强调了他的爱憎分明，同情弱小，"遇敌无所宽假，而于累囚之苦，有同情焉"。鲁迅将他诗歌写作的主要特点概括为激情充溢，精神勃郁，"以全心、全情感、全意志与多量之精神而成诗……凡一字一词无不即其人呼吸精神之显现，中于人心，神弦立应"。同属恶魔诗派的雪莱也是"神思之人，求索而无止期，猛进而不退转……品性之卓，出于云间，热诚勃然，无可阻遏"。同时，鲁迅在比较中突出了雪莱与拜伦的不同，强调他自幼"爱山河林壑之幽寂……心弦之动，自与天籁合调，发为抒情之什，品悉至神"的艺术特色，以及他对生死神秘的追寻。鲁迅以拜伦为主轴，讨论了其他有共同的反抗主题的诗人，并分析了他们各自不同的特点。对普希金、来尔孟多夫（通译莱蒙托夫），对波兰的密克微支、斯洛伐支奇、克拉旬斯奇三诗人,匈牙利的裴彖飞等都做了精彩的评介。这种将有类似主题和类似精神的作品集中在一起加以比较分析正是比较文学主题学的一种方法。

鲁迅在研究以拜伦、雪莱为首的摩罗诗派时,还特别注意了追踪它的流播和影响。他指出拜伦、雪莱"转战反抗,其力如巨涛,直薄旧社会之柱石。余波流衍,入俄则起国民诗人普式庚,至波兰则作报复诗人密克微支,入匈牙利则觉爱国诗人裴彖飞;其他宗徒,不胜具道"。鲁迅跨越多种文化,将以拜伦、雪莱为首的摩罗诗派的源流影响,从英国到俄国到波兰到匈牙利连成一气,进行了渊源和流播的考察,虽然还不是严格意义上的实证影响研究,但至少是应用了影响研究的方法,取得了前所未有的成果。

总之,鲁迅的坚定信念是:"欲扬宗邦之真大,首在审己亦必知人,比较既周,爰生自觉。自觉之声发,每响必中于人心,清晰昭明,不同凡响";实现这一信念的根本途径是:"外之既不后于世界之思潮,内之仍弗失固有之血脉,取今复古,别立新宗。"这决定了青年鲁迅无论是在文化与文学的跨学科研究,跨文化的平行研究,接受和影响的研究等方面都做出了独特的贡献,成为中国比较文学当之无愧的前驱。

此外,茅盾、郭沫若、郑振铎、许地山等也都在沟通古今中外的立足点上，为中国现代文学和比较文学的初期发展做出了重要贡献。

总之，这一切都说明了中国现代文学是在极其丰富的跨文化语境中产生，它既不是古已有之，也不是舶来之物，它是社会进步的结果，是中国文学发展本身的要求。中国现代文学、中国比较文学、中国新兴文化从一开始就是三位一体，在中西文化的交流互鉴中共同发展，取得了前所未有的辉煌成绩。

国家新闻出版广电总局
首届向全国推荐中华优秀传统文化普及图书

大家小书书目

国学救亡讲演录	章太炎 著 蒙木 编
门外文谈	鲁迅 著
经典常谈	朱自清 著
语言与文化	罗常培 著
习坎庸言校正	罗庸 著 杜志勇 校注
鸭池十讲（增订本）	罗庸 著 杜志勇 编订
古代汉语常识	王力 著
国学概论新编	谭正璧 编著
文言尺牍入门	谭正璧 著
日用交谊尺牍	谭正璧 著
敦煌学概论	姜亮夫 著
训诂简论	陆宗达 著
金石丛话	施蛰存 著
常识	周有光 著 叶芳 编
文言津逮	张中行 著
经学常谈	屈守元 著
国学讲演录	程应镠 著
英语学习	李赋宁 著
中国字典史略	刘叶秋 著
语文修养	刘叶秋 著
笔祸史谈丛	黄裳 著
古典目录学浅说	来新夏 著
闲谈写对联	白化文 著
汉字知识	郭锡良 著
怎样使用标点符号（增订本）	苏培成 著
汉字构型学讲座	王宁 著

诗境浅说	俞陛云 著
唐五代词境浅说	俞陛云 著
北宋词境浅说	俞陛云 著
南宋词境浅说	俞陛云 著
人间词话新注	王国维 著 滕咸惠 校注
苏辛词说	顾随 著 陈均 校
诗论	朱光潜 著
唐五代两宋词史稿	郑振铎 著
唐诗杂论	闻一多 著
诗词格律概要	王力 著
唐宋词欣赏	夏承焘 著
槐屋古诗说	俞平伯 著
词学十讲	龙榆生 著
词曲概论	龙榆生 著
唐宋词格律	龙榆生 著
楚辞讲录	姜亮夫 著
读词偶记	詹安泰 著
中国古典诗歌讲稿	浦江清 著
	浦汉明 彭书麟 整理
唐人绝句启蒙	李霁野 著
唐宋词启蒙	李霁野 著
唐诗研究	胡云翼 著
风诗心赏	萧涤非 著 萧光乾 萧海川 编
人民诗人杜甫	萧涤非 著 萧光乾 萧海川 编
唐宋词概说	吴世昌 著
宋词赏析	沈祖棻 著
唐人七绝诗浅释	沈祖棻 著
道教徒的诗人李白及其痛苦	李长之 著
英美现代诗谈	王佐良 著 董伯韬 编
闲坐说诗经	金性尧 著
陶渊明批评	萧望卿 著

古典诗文述略	吴小如 著	
诗的魅力		
——郑敏谈外国诗歌	郑　敏 著	
新诗与传统	郑　敏 著	
一诗一世界	邵燕祥 著	
舒芜说诗	舒　芜 著	
名篇词例选说	叶嘉莹 著	
汉魏六朝诗简说	王运熙 著	董伯韬 编
唐诗纵横谈	周勋初 著	
楚辞讲座	汤炳正 著	
	汤序波 汤文瑞 整理	
好诗不厌百回读	袁行霈 著	
山水有清音		
——古代山水田园诗鉴要	葛晓音 著	
红楼梦考证	胡　适 著	
《水浒传》考证	胡　适 著	
《水浒传》与中国社会	萨孟武 著	
《西游记》与中国古代政治	萨孟武 著	
《红楼梦》与中国旧家庭	萨孟武 著	
《金瓶梅》人物	孟　超 著	张光宇 绘
水泊梁山英雄谱	孟　超 著	张光宇 绘
水浒五论	聂绀弩 著	
《三国演义》试论	董每戡 著	
《红楼梦》的艺术生命	吴组缃 著	刘勇强 编
《红楼梦》探源	吴世昌 著	
《西游记》漫话	林　庚 著	
史诗《红楼梦》	何其芳 著	
	王叔晖 图	蒙　木 编
细说红楼	周绍良 著	
红楼小讲	周汝昌 著	周伦玲 整理

曹雪芹的故事	周汝昌 著	周伦玲 整理
古典小说漫稿	吴小如 著	
三生石上旧精魂		
——中国古代小说与宗教	白化文 著	
《金瓶梅》十二讲	宁宗一 著	
中国古典小说十五讲	宁宗一 著	
古体小说论要	程毅中 著	
近体小说论要	程毅中 著	
《聊斋志异》面面观	马振方 著	
《儒林外史》简说	何满子 著	
我的杂学	周作人 著	张丽华 编
写作常谈	叶圣陶 著	
中国骈文概论	瞿兑之 著	
谈修养	朱光潜 著	
给青年的十二封信	朱光潜 著	
论雅俗共赏	朱自清 著	
文学概论讲义	老 舍 著	
中国文学史导论	罗 庸 著	杜志勇 辑校
给少男少女	李霁野 著	
古典文学略述	王季思 著	王兆凯 编
古典戏曲略说	王季思 著	王兆凯 编
鲁迅批判	李长之 著	
唐代进士行卷与文学	程千帆 著	
说八股	启 功 张中行	金克木 著
译余偶拾	杨宪益 著	
文学漫识	杨宪益 著	
三国谈心录	金性尧 著	
夜阑话韩柳	金性尧 著	
漫谈西方文学	李赋宁 著	
历代笔记概述	刘叶秋 著	

周作人概观	舒芜 著
古代文学入门	王运熙 著 董伯韬 编
有琴一张	资中筠 著
中国文化与世界文化	乐黛云 著
新文学小讲	严家炎 著
回归，还是出发	高尔泰 著
文学的阅读	洪子诚 著
中国文学1949—1989	洪子诚 著
鲁迅作品细读	钱理群 著
中国戏曲	么书仪 著
元曲十题	么书仪 著
唐宋八大家 ——古代散文的典范	葛晓音 选译
辛亥革命亲历记	吴玉章 著
中国历史讲话	熊十力 著
中国史学入门	顾颉刚 著 何启君 整理
秦汉的方士与儒生	顾颉刚 著
三国史话	吕思勉 著
史学要论	李大钊 著
中国近代史	蒋廷黻 著
民族与古代中国史	傅斯年 著
五谷史话	万国鼎 著 徐定懿 编
民族文话	郑振铎 著
史料与史学	翦伯赞 著
秦汉史九讲	翦伯赞 著
唐代社会概略	黄现璠 著
清史简述	郑天挺 著
两汉社会生活概述	谢国桢 著
中国文化与中国的兵	雷海宗 著
元史讲座	韩儒林 著

魏晋南北朝史稿	贺昌群 著
汉唐精神	贺昌群 著
海上丝路与文化交流	常任侠 著
中国史纲	张荫麟 著
两宋史纲	张荫麟 著
北宋政治改革家王安石	邓广铭 著
从紫禁城到故宫 ——营建、艺术、史事	单士元 著
春秋史	童书业 著
明史简述	吴晗 著
朱元璋传	吴晗 著
明朝开国史	吴晗 著
旧史新谈	吴晗 著 习之 编
史学遗产六讲	白寿彝 著
先秦思想讲话	杨向奎 著
司马迁之人格与风格	李长之 著
历史人物	郭沫若 著
屈原研究（增订本）	郭沫若 著
考古寻根记	苏秉琦 著
舆地勾稽六十年	谭其骧 著
魏晋南北朝隋唐史	唐长孺 著
秦汉史略	何兹全 著
魏晋南北朝史略	何兹全 著
司马迁	季镇淮 著
唐王朝的崛起与兴盛	汪篯 著
南北朝史话	程应镠 著
二千年间	胡绳 著
论三国人物	方诗铭 著
辽代史话	陈述 著
考古发现与中西文化交流	宿白 著
清史三百年	戴逸 著

清史寻踪	戴　逸　著
走出中国近代史	章开沅　著
中国古代政治文明讲略	张传玺　著
艺术、神话与祭祀	张光直　著
	刘　静　乌鲁木加甫　译
中国古代衣食住行	许嘉璐　著
辽夏金元小史	邱树森　著
中国古代史学十讲	瞿林东　著
历代官制概述	瞿宣颖　著
宾虹论画	黄宾虹　著
中国绘画史	陈师曾　著
和青年朋友谈书法	沈尹默　著
中国画法研究	吕凤子　著
桥梁史话	茅以升　著
中国戏剧史讲座	周贻白　著
中国戏剧简史	董每戡　著
西洋戏剧简史	董每戡　著
俞平伯说昆曲	俞平伯　著　陈　均　编
新建筑与流派	童　寯　著
论园	童　寯　著
拙匠随笔	梁思成　著　林　洙　编
中国建筑艺术	梁思成　著　林　洙　编
沈从文讲文物	沈从文　著　王　风　编
中国画的艺术	徐悲鸿　著　马小起　编
中国绘画史纲	傅抱石　著
龙坡谈艺	台静农　著
中国舞蹈史话	常任侠　著
中国美术史谈	常任侠　著
说书与戏曲	金受申　著
世界美术名作二十讲	傅　雷　著

中国画论体系及其批评	李长之 著	
金石书画漫谈	启 功 著	赵仁珪 编
吞山怀谷		
——中国山水园林艺术	汪菊渊 著	
故宫探微	朱家溍 著	
中国古代音乐与舞蹈	阴法鲁 著	刘玉才 编
梓翁说园	陈从周 著	
旧戏新谈	黄 裳 著	
民间年画十讲	王树村 著	姜彦文 编
民间美术与民俗	王树村 著	姜彦文 编
长城史话	罗哲文 著	
天工人巧		
——中国古园林六讲	罗哲文 著	
现代建筑奠基人	罗小未 著	
世界桥梁趣谈	唐寰澄 著	
如何欣赏一座桥	唐寰澄 著	
桥梁的故事	唐寰澄 著	
园林的意境	周维权 著	
万方安和		
——皇家园林的故事	周维权 著	
乡土漫谈	陈志华 著	
现代建筑的故事	吴焕加 著	
中国古代建筑概说	傅熹年 著	
简易哲学纲要	蔡元培 著	
大学教育	蔡元培 著	
	北大元培学院 编	
老子、孔子、墨子及其学派	梁启超 著	
春秋战国思想史话	嵇文甫 著	
晚明思想史论	嵇文甫 著	
新人生论	冯友兰 著	

中国哲学与未来世界哲学	冯友兰 著	
谈美	朱光潜 著	
谈美书简	朱光潜 著	
中国古代心理学思想	潘菽 著	
新人生观	罗家伦 著	
佛教基本知识	周叔迦 著	
儒学述要	罗庸 著	杜志勇 辑校
老子其人其书及其学派	詹剑峰 著	
周易简要	李镜池 著	李铭建 编
希腊漫话	罗念生 著	
佛教常识答问	赵朴初 著	
维也纳学派哲学	洪谦 著	
大一统与儒家思想	杨向奎 著	
孔子的故事	李长之 著	
西洋哲学史	李长之 著	
哲学讲话	艾思奇 著	
中国文化六讲	何兹全 著	
墨子与墨家	任继愈 著	
中华慧命续千年	萧萐父 著	
儒学十讲	汤一介 著	
汉化佛教与佛寺	白化文 著	
传统文化六讲	金开诚 著	金舒年 徐令缘 编
美是自由的象征	高尔泰 著	
艺术的觉醒	高尔泰 著	
中华文化片论	冯天瑜 著	
儒者的智慧	郭齐勇 著	
中国政治思想史	吕思勉 著	
市政制度	张慰慈 著	
政治学大纲	张慰慈 著	
民俗与迷信	江绍原 著	陈泳超 整理

政治的学问	钱端升 著	钱元强 编
从古典经济学派到马克思	陈岱孙 著	
乡土中国	费孝通 著	
社会调查自白	费孝通 著	
怎样做好律师	张思之 著	孙国栋 编
中西之交	陈乐民 著	
律师与法治	江平 著	孙国栋 编
中华法文化史镜鉴	张晋藩 著	
新闻艺术（增订本）	徐铸成 著	
经济学常识	吴敬琏 著	马国川 编
中国化学史稿	张子高 编著	
中国机械工程发明史	刘仙洲 著	
天道与人文	竺可桢 著	施爱东 编
中国医学史略	范行准 著	
优选法与统筹法平话	华罗庚 著	
数学知识竞赛五讲	华罗庚 著	
中国历史上的科学发明（插图本）	钱伟长 著	

出版说明

"大家小书"多是一代大家的经典著作,在还属于手抄的著述年代里,每个字都是经过作者精琢细磨之后所拣选的。为尊重作者写作习惯和遣词风格、尊重语言文字自身发展流变的规律,为读者提供一个可靠的版本,"大家小书"对于已经经典化的作品不进行现代汉语的规范化处理。

提请读者特别注意。

北京出版社